AF141317

HANSJÖRG BIEHL

Die Gegenzeichnung im parlamentarischen
Regierungssystem der Bundesrepublik Deutschland

Schriften zum Öffentlichen Recht

Band 159

Die Gegenzeichnung
im parlamentarischen Regierungssystem
der Bundesrepublik Deutschland

Von

Dr. Hansjörg Biehl

DUNCKER & HUMBLOT / BERLIN

Inhaltsverzeichnis

I. *Gegenzeichnung und Regierungssystem* 11

1. Der Begriff der Gegenzeichnung 11

2. Das Regierungssystem 12

    a) Die Grundtypen: Präsidialdemokratie und parlamentarisches
    System 12
    b) Mischformen 13
    c) Das parlamentarische System der Bundesrepublik 14
    d) Das Mißtrauen gegenüber den Parteien 16
    e) Begriffsverwirrungen 20

        aa) Neutralität 20
        bb) Repräsentation 21

3. Gegenzeichnung und parlamentarisches System..................... 23

II. *Die geschichtliche Entwicklung der Gegenzeichnung* 25

1. Die Vorgeschichte der Gegenzeichnung 25

    a) Die Gegenzeichnung im römischen Reich 25
    b) Die Gegenzeichnung im Frankenreich 26
    c) Das Siegeln in England 26
    d) Die Gegenzeichnung im deutschen Reich 26
    e) Die Bedeutung der Gegenzeichnung im Zeitalter des Absolutismus 27
    f) Vorläufer der Ministerverantwortlichkeit 27
    g) Das Impeachment in England 29

2. Die Geschichte der Gegenzeichnung 31

    a) Die Entstehung der Gegenzeichnung in Frankreich 31
    b) Betrachtungen zur Ministerverantwortlichkeit und Gegenzeichnung
    im 19. Jahrhundert 32

        aa) Das Realsystem 32
        bb) Die Unverantwortlichkeit des Staatsoberhaupts 35
        cc) Die Verantwortlichkeit der Minister 36

    c) Gegenzeichnung und Ministerverantwortlichkeit im konstitionel-
    len Deutschland 39

        aa) Die Gegenzeichnung als Garantie der Verfassung 39
        bb) Die gerichtliche Ministerverantwortlichkeit 39
        cc) Die parlamentarische Ministerverantwortlichkeit 42
        dd) Die Ministerverantwortlichkeit im Kaiserreich 42

ee) Keine Entwicklung zur parlamentarischen Monarchie 44

d) Die Gegenzeichnung in der Weimarer Republik 47

e) Die Gegenzeichnung im nationalsozialistischen Staat 48

III. Die Rechtsfolgen der Gegenzeichnung 50

1. Für den Regierungsakt 50

2. Für den Bundespräsidenten 51

3. Für die Bundesregierung 52

IV. Die Anordnungen und Verfügungen des Bundespräsidenten 56

1. Ein historischer Begriff 56

2. Aus Art. 58 GG folgt kein Anordnungsrecht des Bundespräsidenten.. 56

3. Die „Anordnungen und Verfügungen" als Sammelbegriff 56

4. Formeller und materieller Aktautor 57

5. Regierungsakte 57

V. Der Geschäftsgang beim Erlaß eines Regierungsakts 59

1. Die Suche nach dem materiellen Aktautor 59

2. Der Verwaltungsablauf 59

3. Die Entscheidungsvorbereitung 60

a) Der Regelfall: Entscheidungsvorbereitung durch die Bundesregierung 60

b) Die Ausnahme: Entscheidungsvorbereitung durch den Bundespräsidenten 63

aa) Die Ordensverleihung 63

bb) Die Genehmigung zur Annahme ausländischer Orden 64

cc) Die Ordensstiftung 65

dd) Die Symbolhoheit 67

4. Die Zustimmung 68

a) Die Zustimmung der Bundesregierung 68

b) Die Zustimmung des Bundespräsidenten 69

VI. Die Prüfungsbefugnisse des Bundespräsidenten 70

1. Klärung der Begriffe 70

a) Rechtliche und sachliche Prüfung 70

b) Formelle und materielle Prüfung 70

c) Unterteilung der sachlichen Prüfung? 71

2. Der Bundespräsident hat eine rechtliche Prüfungskompetenz 72

3. Der Bundespräsident hat keine sachliche Prüfungskompetenz 74

   a) Die Zuständigkeit der Bundesregierung 74
   b) Der Bundespräsident ist nicht politisch verantwortlich 74
   c) Die demokratische Legitimation 75

4. Zusammenfassung 75

VII. Formelle Gegenzeichnung und formlose Billigung 77

1. Nicht-schriftliche Akte 77

2. Analoge Anwendung des Art. 58 GG 79

3. Der Zeitpunkt der Billigung 80

4. Die Bundesregierung verweigert die Billigung 81

5. Zuwiderhandlungen des Bundespräsidenten gegen die Politik der Bundesregierung 83

6. Die Billigung von Unterlassungen des Bundespräsidenten 84

7. Rücktritt des Bundespräsidenten? 86

VIII. Die Befugnis zur Gegenzeichnung 87

1. Die Zuständigkeit innerhalb der Bundesregierung 87

2. Die Vertretung bei der Gegenzeichnung 88

3. Beginn und Ende der Berechtigung zur Gegenzeichnung 89

IX. Ausnahmen von der Gegenzeichnungspflicht 91

1. Die außerordentlichen Kompetenzen des Bundespräsidenten 91

   a) Art. 59 a GG 91
   b) Die Wahl zwischen der Ernennung des Minderheitskanzlers und der Auflösung des Bundestages 92
   c) Ablehnung der Vertrauensfrage 93
   d) Der Bundespräsident gewinnt keinen Einfluß auf die Regierungsgeschäfte 97

2. Gegenzeichnungsfreiheit aus Zweckmäßigkeitsgründen 98

   a) Der Vorschlag für die Wahl des Bundeskanzlers 98
     aa) Kein politischer Spielraum 98
     bb) Der Bundespräsident kann keine Bedingungen stellen 99
     cc) Der Wahlvorschlag als Pflicht des Bundespräsidenten 99
   b) Die Ernennung und Entlassung des Bundeskanzlers 101

3. Problematische Fälle 102

   a) Das Ersuchen zur Weiterführung der Geschäfte 102

aa) Das Ersuchen an den Bundeskanzler 102
bb) Das Ersuchen an einen Bundesminister 103
cc) Kritik 105
b) Das Einberufungsverlangen gemäß Art. 39 III S. 3 GG 105

4. Unechte Ausnahmen von der Gegenzeichnungspflicht 106

a) Privatakte 106
aa) Definition 106
bb) Der Amtsverzicht 107
b) Innerdienstliche Akte 109

X. Die Gegenzeichnung bei der Ausfertigung der Gesetze 111

1. Das Verhältnis der Art. 82 I und 58 GG zueinander 111

a) Die historische Interpretation 111
b) Die Literaturmeinungen 111
c) Die Behandlung der Gegenzeichnung in der Geschäftsordnung der
   Bundesregierung 112

2. Die Prüfungskompetenzen des Bundespräsidenten 113

a) Rechtliche Prüfungskompetenz 113
b) Die Prüfung kann vom Bundesverfassungsgericht nachvollzogen
   werden 114
c) Die Beschränkung des Bundespräsidenten auf die formelle Prüfungskompetenz 114
d) Bildung eines Gewohnheitsrechts? 115

3. Die Prüfungskompetenz der Bundesregierung..................... 116

4. Die Bedeutung der Gegenzeichnung bei der Ausfertigung der Gesetze 117

XI. Gegenzeichnung und parlamentarisches System 119

1. Zusammenfassung 119

2. Bedeutungsumkehr der Gegenzeichnung 119

3. Der Bundespräsident als formeller und materieller Aktautor 120

XII. Anhang: Abschaffung der Gegenzeichnung? 122

1. Die Alternative 122

2. Das Grundgesetz ohne Gegenzeichnung.......................... 122

3. Beibehaltung der Gegenzeichnung 123

4. Die Stellung des Staatsoberhaupts in der parlamentarischen Demokratie 124

Literaturverzeichnis 127

Abkürzungsverzeichnis

AÖR	=	Archiv des Öffentlichen Rechts
Diss.	=	Dissertation
DJZ	=	Deutsche Juristen-Zeitung
DÖV	=	Die Öffentliche Verwaltung
DVBl.	=	Deutsches Verwaltungsblatt
GGO	=	Gemeinsame Geschäftsordnung der Bundesministerien
GOBReg	=	Geschäftsordnung der Bundesregierung
JÖR	=	Jahrbuch des Öffentlichen Rechts
JZ	=	Juristenzeitung
NJW	=	Neue Juristische Wochenschrift
PrVU	=	Preußische Verfassungsurkunde von 1850
RV 71	=	Reichsverfassung von 1871
VVDStRL	=	Veröffentlichungen der Vereinigung der Deutschen Staatsrechtslehrer
WRV	=	Weimarer Reichsverfassung

I. Gegenzeichnung und Regierungssystem

1. Der Begriff der Gegenzeichnung

Unter Gegenzeichnung im modernen staatsrechtlichen Sinn versteht man die Unterschrift eines Ministers auf einer Urkunde neben der des Staatsoberhaupts. Diese Arbeit faßt jedoch den Begriff der Gegenzeichnung weiter: sie versteht darunter das gesamte Rechtsinstitut von der Vorbereitung des Regierungsakts bis zu seinem Erlaß. Sie wird sich mit der staatsrechtlichen und politischen Bedeutung beider Unterschriften und mit ihrem Verhältnis zueinander befassen.

Üblicherweise unterscheidet man zwischen einer „eigentlichen Unterzeichnung" durch das Staatsoberhaupt und einer „Gegenzeichnung" durch den Minister. Diese Begriffe sind mit ideologischem Ballast behaftet: sie setzen voraus, daß das Staatsoberhaupt der eigentlich Handelnde ist, während die Unterschrift des Ministers nur ein mehr oder weniger wichtiges Zubehör, in jedem Fall aber das Sekundäre darstellt. Bei aller Verschiedenheit der Anschauungen wird diese Grundannahme in der Literatur nirgends bestritten oder auch nur diskutiert. Es wird vorausgesetzt, was eigentlich erst zu untersuchen wäre. In dieser Arbeit sollen die beiden Unterschriften daher nicht mit einem Etikett versehen werden, das eine bestimmte Rollenverteilung suggeriert. Wer der Autor eines der Gegenzeichnung unterliegenden Regierungsakts ist, ist eine der wichtigsten Fragen, die in dieser Arbeit zu klären sind.

Die beiden Unterzeichnenden sind gemäß Art. 58 GG einerseits der Bundespräsident und andererseits der Bundeskanzler oder ein Bundesminister. Im Rahmen dieser Arbeit interessiert das Verhältnis des Bundespräsidenten zur Bundesregierung als Gesamtorgan. Dabei soll das Innenverhältnis der Bundesregierung unberücksichtigt bleiben. Es bleibt also offen, ob im Einzelfall der Bundeskanzler, ein oder mehrere Minister oder die Bundesregierung als Kollegialorgan, also das Bundeskabinett tätig werden. In dieser Arbeit ist mit „Bundesregierung" das Gesamtorgan und nicht das Kollegialorgan gemeint[1].

---

[1] Zur Abgrenzung der Begriffe „Bundesregierung als Gesamt- und als Kollegialorgan" vgl. *Ernst-Wolfgang Böckenförde:* Die Organisationsgewalt im Bereich der Regierung, Berlin 1964, S. 138.

2. Das Regierungssystem

Ein Rechtsinstitut wie die Gegenzeichnung muß im Rahmen des jeweiligen Regierungssystems gesehen werden. Eine Gegenzeichnungsinterpretation, die den Grundprinzipien des Regierungssystems widerspricht, für das sie gelten soll, ist keine interessante Bereicherung dieses Systems. Sie ist falsch[2]. Ein Blick auf die wichtigsten demokratischen Regierungssysteme der Gegenwart soll daher den Rahmen für diese Arbeit abstecken.

a) Die Grundtypen: Präsidialdemokratie und parlamentarisches System

Die Präsidialdemokratie, wie sie in den USA besteht, verwirklicht die Gewaltenteilung, wie sie *Montesquieu* — übrigens zu Unrecht[3] — in die englische Verfassung hineininterpretiert hat[4]: Das Volk wählt ein Parlament als legislatives Organ und einen Präsidenten als Haupt der Exekutive. Da der Präsident auf Zeit gewählt ist, und weder er noch seine Minister für ihre Amtsführung das Vertrauen des Parlaments brauchen, könnte man von einer konstitutionellen Wahlmonarchie sprechen[5]. Da der Präsident Staatsoberhaupt und Regierungschef zugleich ist, gibt es in der Präsidialdemokratie keine Gegenzeichnung im modernen staatsrechtlichen Sinn.

---

[2] Als Beispiel einer nicht systemkonformen Interpretation der Gegenzeichnung vgl. *Kurt Servatius:* Die Gegenzeichnung von Handlungen des Bundespräsidenten, Diss. Köln 1960, z. B. S. 30, 44, 65: Bei nicht-schriftlichen Akten und Unterlassungen des Bundespräsidenten steht die Bundesregierung vor der Alternative, die Verantwortung zu übernehmen oder zurückzutreten; S. 31: Hauptzweck der Gegenzeichnung ist es, den Bundespräsidenten von der Verantwortung für seine Handlungen zu befreien; S. 86: Eine Mißachtung der Gegenzeichnungsvorschrift durch den Bundespräsidenten führt nicht zur staatsrechtlichen Verantwortlichkeit gemäß Art. 61 GG. Diese Thesen sind allenfalls für die Reichsverfassung von 1871 vertretbar. In konservativ-monarchistischen Kreisen hätten sie gewiß Beifall gefunden.

[3] *Klaus v. Beyme:* Der Begriff der parlamentarischen Regierung, in: *Kurt Kluxen* (Hrsg.): Parlamentarismus, Berlin 1967, S. 188; *Thomas Ellwein:* Das Regierungssystem der Bundesrepublik Deutschland, 2. Aufl., Köln und Opladen 1965, S. 188.

[4] Vgl. *Montesquieu:* De l'Esprit des Lois. Précédé de l'analyse de cet ouvrage par d'Alembert, Band I, Paris 1834. Das 6. Kapitel des 11. Buches, das sich mit der Gewaltenteilung befaßt, trägt die Überschrift: „De la constitution d'Angleterre" (S. 293).

[5] Vgl. *D. W. Brogan:* Das englische, amerikanische und französische Regierungssystem — ein Vergleich, in: Kurt Kluxen (Hrsg.), a.a.O., S. 218; *Theo Stammen:* Regierungssysteme der Gegenwart, Stuttgart, Köln, Berlin, Mainz 1967, S. 92 f.

In der parlamentarischen Demokratie besteht keine Trennung zwischen Legislative und Exekutive[6]. Dem Parlament obliegt nicht nur die Verabschiedung der Gesetze, sondern auch die Bestimmung des Regierungschefs. Während man in der Präsidialdemokratie versucht, die politische Macht durch Teilung zu beschränken („checks and balances"), ist die Regierung im parlamentarischen System der Volksvertretung verantwortlich und von ihrem Vertrauen abhängig. Sie ist nicht auf Zeit, sondern auf Widerruf eingesetzt[7].

b) Mischformen

Die Weimarer Reichsverfassung ist eine Mischung des parlamentarischen und des präsidentiellen Regierungssystems[8]. Neben das Parlament tritt ein plebiszitärer Präsident, dem ein Einfluß auf Bildung und Bestand der Regierung zugebilligt wird. Man glaubte, mit der Weimarer Reichsverfassung einen glücklichen Mittelweg zwischen Parlamentsabsolutismus und Präsidentenallmacht gefunden zu haben[9].

Das System basierte auf der Übereinstimmung der beiden plebiszitären Organe, des Reichstags und des Reichspräsidenten. Fehlte diese Übereinstimmung, so hätte sie durch das Volk herbeigeführt werden sollen[10], und zwar entweder durch Auflösung des Reichstags (Art. 25 WRV) oder durch Absetzung des Reichspräsidenten (Art. 43 WRV). Letztere Möglichkeit erwies sich wegen des komplizierten Verfahrens[11] als nicht praktikabel.

Der Reichskanzler war zur Ausübung seines Amtes vom Vertrauen des Reichstags *und* des Reichspräsidenten abhängig, der ihn auch gegen seinen Willen entlassen[12] und einen Nachfolger ernennen konnte. Das unbeschränkte Entlassungsrecht des Reichspräsidenten sicherte diesem

---

[6] So bereits *Walter Bagehot:* The English Constitution, London (Oxford University Press) 1963 (zuerst erschienen 1867), S. 2, 9.

[7] *Bagehot* (a.a.O., S. 2) sieht darin einen wesentlichen Unterschied zum präsidentiellen System. Als Beispiel führt er an, daß *Lord Palmerston,* obwohl er der Sieger der Parlamentswahlen von 1857 war, von „seinem" Parlament vor Ablauf von zwei Jahren gestürzt wurde. Der Sturz von Bundeskanzler *Erhard* ein Jahr nach der Bundestagswahl von 1965 ist ein weiteres Beispiel. In Amerika blieb sogar ein Präsident wie Andrew *Johnson* (der Nachfolger Lincolns) im Amt, obwohl er das Vertrauen von Parlament und Bevölkerung verloren hatte.

[8] *Stammen,* a.a.O., S. 65 f., 70.

[9] *Franz Josef Wuermeling:* Die rechtlichen Beziehungen zwischen dem Reichspräsidenten und der Reichsregierung, in: AÖR 50, S. 390.

[10] *Wuermeling,* AÖR 50, S. 368.

[11] Zwei-Drittel-Mehrheit im Reichstag und Volksabstimmung über die Absetzung; danach, je nach Ausgang der Volksabstimmung, Neuwahl des Reichspräsidenten oder des Reichstags.

[12] Geschehen in den Fällen *Brüning* und *v. Schleicher.*

die Oberaufsicht über die laut Art. 56 WRV vom Reichskanzler zu bestimmenden Richtlinien der Politik. Die doppelte Abhängigkeit des
Reichskanzlers schwächte seine Stellung entscheidend. Sehr deutlich
zeigt die kurze Lebensdauer der nach dem Muster der Weimarer
Reichsverfassung konstruierten zweiten spanischen Republik, daß eine
starke Präsidialgewalt mit dem parlamentarischen System unvereinbar
ist[13]. Die doppelte Abhängigkeit der Regierung ist ein Ordnungsprin-
zip, das zwangsläufig zur Krise führt[14].

Zu den Mischformen zählt auch die V. französische Republik. Hier
ist die Machtverteilung zwischen dem Präsidenten und dem Premierminister nicht eindeutig bestimmt[15]. Die bisherige Praxis kommt einer
Präsidialdemokratie nahe, weil die Regierung bis jetzt fast ausschließlich vom Staatspräsidenten abhängig war. Das politische Schwer-
gewicht könnte sich jedoch ohne Verfassungsänderung vom Präsidenten auf den Premierminister und das Parlament verlagern.

c) Das parlamentarische System der Bundesrepublik

Das Grundgesetz schreibt das parlamentarische System vor[16] und
zwar in seiner reinen[17] bzw. unvermischten[18] Form. Soweit ersichtlich,
wird das nicht bestritten[19].

Im reinen parlamentarischen System kann der politische Schwerpunkt beim Parlament, beim Kabinett oder beim Regierungschef liegen. Ein Beispiel für die erste Variante ist das Regierungssystem der

---

[13] *Karl Loewenstein:* Der Staatspräsident, in: AÖR 75, S. 187.

[14] *Ernst Friesenhahn:* Parlament und Regierung im modernen Staat, in:
VVDStRL 16, S. 41.

[15] Zur Spannung zwischen den Artikeln 5 und 20 der französischen Verfassung vom 4. Oktober 1958 vgl. *Andreas Sattler:* Die fünfte Republik und
der Parlamentarismus, in: AÖR 87, S. 342, 348.

[16] *Thomas Ellwein,* a.a.O., passim, z.B. S. 188, 307 f.; *Otto Kimminich,* in:
Bonner Kommentar, Hamburg 1950 ff., Vorbemerkung zu Art. 54 bis 61
(Zweitbearbeitung), Rdn. 4.

[17] *Stammen,* a.a.O., S. 70, 73.

[18] *Rudolf Wildenmann:* Macht und Konsens als Problem der Innen- und
Außenpolitik, 2. Aufl., Köln und Opladen 1967, S. 74. Wildenmanns Begründung, das gehe auch aus Art. 58 GG hervor, überzeugt jedoch nicht; denn
die Gegenzeichnung entstammt ja gerade dem konstitutionellen und nicht
dem parlamentarischen System, vgl. unten II, 2.

[19] Autoren, die dem parlamentarischen System präsidialdemokratische
oder — was in diesem Zusammenhang dasselbe ist — monarchistische Zu-
sätze beimischen wollen, weisen nicht darauf hin, daß sie damit vom reinen
parlamentarischen System abweichen. Die Begriffsverwirrung wird auf die
Spitze getrieben, wenn *Robert Redslob* (Die parlamentarische Regierung in
ihrer wahren und in ihrer unechten Form, Tübingen 1918) unter dem
„wahren" parlamentarischen System ein monarchistisch-parlamentarisches
Mischsystem versteht, vgl. unten I, 2, d.

III. und IV. französischen Republik, das man als „Gouvernement d'Assemblée" bezeichnen kann[20]. Die Mehrheitsverhältnisse im Parlament sind unklar. Die Regierung ist ohne feste parlamentarische Basis und muß sich mit wechselnden Mehrheiten von Vertrauensfrage zu Vertrauensfrage vorkämpfen.

In England entwickelte sich aus dem „Parliamentary Government"[21] über das „Cabinet Government" das „Prime Ministerial Government". An die Stelle der Souveränität des Unterhauses ist die Beherrschung des Parlaments durch das Kabinett[22] und die Beherrschung des Kabinetts durch den Premierminister getreten[23]. Der Premier kann wegen der „rigoros erzwungenen Parteidisziplin"[24] während der Legislaturperiode nicht mehr gestürzt werden. Die wichtigsten politischen Entscheidungen trifft der Premierminister und die Entscheidung über die Person des Premierministers trifft der Wähler und nicht das Unterhaus. Das ist eine Folge der Herausstellung des Parteiführers im Wahlkampf.

Die Kanzlerdemokratie, wie sie sich unter Adenauer herausgebildet hat, ist der deutsche Parallelfall zum Prime Ministerial Government[25]. Der Parlamentarische Rat hat die dominierende Stellung des Kanzlers gewollt[26]. Das ist keine Entartungserscheinung des parlamentarischen Systems[27] sondern eine Organisationsform, die durch das Bedürfnis nach Koordination im modernen Staat hervorgerufen wurde[28].

Das Verhältnis von Bundespräsident und Bundesregierung — und damit die Bedeutung der Gegenzeichnung — ist unabhängig davon, welche der drei Unterarten des parlamentarischen Systems verwirklicht ist. Unabhängig davon, ob der politische Schwerpunkt beim Bundestag, Bundeskabinett oder Bundeskanzler liegt, kann der Bundespräsident in keinem Fall einen Führungsanspruch gegenüber der par-

---

[20] *Stammen,* a.a.O., S. 111 f.

[21] Das ist der englische Fall des „Gouvernement d'Assemblée", verwirklicht 1841—1868, vgl. *Karl Loewenstein:* Der britische Parlamentarismus, Reinbek bei Hamburg 1964, S. 88 ff.

[22] *Loewenstein,* a.a.O., S. 111; Friedrich *Glum:* Staatsoberhaupt und Regierungschef, in: ZfP 1959, S. 297.

[23] *Loewenstein,* a.a.O., S. 117.

[24] *Loewenstein,* a.a.O., S. 95.

[25] *Wilhelm Hennis:* Richtlinienkompetenz und Regierungstechnik, Tübingen 1964, S. 8.

[26] *Theodor Eschenburg:* Staat und Gesellschaft in Deutschland, 1. Aufl., Stuttgart 1956, S. 743.

[27] So jedoch *Loewenstein,* a.a.O., S. 147, der das eigenartigerweise nur für das Bonner Regierungssystem, nicht jedoch für sein britisches Pendant annimmt.

[28] *Hennis,* a.a.O., S. 9, 11, 18.

lamentarisch verantwortlichen Bundesregierung anmelden. Es ist daher für das Ergebnis dieser Arbeit unerheblich, ob etwa die Kanzlerdemokratie zeitweise durch eine andere Spielart des parlamentarischen Systems ersetzt war[29].

d) Das Mißtrauen gegenüber den Parteien

Das parlamentarische System ist von der Funktionsfähigkeit der Parteien abhängig. Diesen steht jedoch ein Teil der deutschen Literatur skeptisch gegenüber. Nur wenige Autoren suchen ein Gegengewicht gegen den Parteiegoismus innerhalb des parlamentarischen Systems, indem sie etwa dem Bundeskanzler eine Führungsposition zubilligen[30]. Häufiger gibt man diese Rolle dem außerhalb des parlamentarischen Systems stehenden Staatsoberhaupt. Diese Tendenz zur Stärkung des Staatsoberhaupts hat *Kimminich*[31] im Anschluß an *Merkl*[32] als *monarchistische Befangenheit der deutschen Staatsrechtslehre* bezeichnet.

Schon die Konstruktion des Reichspräsidentenamts als Gegengewicht gegen den Reichstag zeigt das Mißtrauen des Weimarer Verfassungsgebers gegenüber den Parteien und das *deutsche Sehnen nach einem "Ersatzkaiser"*[33]. Die staatsrechtliche Begründung gab *Redslob*, der ein Gleichgewicht zwischen Staatsoberhaupt und Parlament als unerläßlich für ein "wahres" parlamentarisches System bezeichnete[34]. Redslob hat dieses Gleichgewicht — ähnlich wie *Montesquieu* seine Gewaltenteilungslehre — in die englische Verfassungswirklichkeit hineininterpretiert.

1834 hatte der englische *König Wilhelm IV.* den letzten Versuch gemacht, als „Gegengewicht zum Parlament" den Premierminister *Melbourne* abzuberufen, der noch das Vertrauen des Parlaments besaß. Das Parlament sorgte dafür, daß Lord Melbourne wieder eingesetzt wurde. Die britischen Verfassungstheoretiker sprachen nun von der Vorherrschaft des Parlaments[35] und gaben die Theorie vom „mixed

---

[29] Etwa zur Zeit *Ludwig Erhards,* als das Bundeskabinett eine stärkere Bedeutung bekam, oder zur Zeit *Kiesingers,* als mit dem sogenannten Kressbronner Kreis eine Art „Inneres Kabinett" gebildet wurde.

[30] So z. B. *Hennis*, a.a.O., S. 8; *Eschenburg*, a.a.O., S. 743.

[31] *Otto Kimminich:* Das Staatsoberhaupt in der parlamentarischen Demokratie, in: VVDStRL 25, S. 12, 46.

[32] *Adolf Merkl:* Die monarchistische Befangenheit der deutschen Staatsrechtslehre, in: Schweizerische Juristenzeitung, 16. Jahrg. (1919/20), S. 378 ff.

[33] *Kimminich*, a.a.O., S. 46.

[34] *Robert Redslob:* Die parlamentarische Regierung in ihrer wahren und in ihrer unechten Form, Tübingen 1918, S. 178.

Government" auf[36]. Redslob blieb es überlassen, sie wieder aus der Mottenkiste hervorzuholen. Wenn er seine politischen Ordnungsvorstellungen als „wahre" Form der parlamentarischen Regierung und die seiner politischen Gegner als „unechte" Form bezeichnet, dann ist das vom wissenschaftlichen Standpunkt aus ein etwas zweifelhaftes Verfahren[37].

Das Mißtrauen gegenüber den Parteien findet seinen stärksten und wissenschaftlich konsequentesten Ausdruck in *Carl Schmitts* Lehre vom „Hüter der Verfassung"[38]. Hier handelt es sich nicht um eine primitive Verdrehung des parlamentarischen Systems, sondern um ein Alternativsystem. Ausgangspunkt ist die Handlungsunfähigkeit des Reichstags[39], für die die Parteien und pluralistischen Gruppen verantwortlich gemacht werden. Die Lösung dieses Problems, das man keinesfalls als Scheinproblem abtun darf, sucht *Carl Schmitt* in der Übertragung der Lehre *Benjamin Constants* vom „pouvoir neutre"[40] auf die Weimarer Republik mit der Begründung, daß die Befugnisse des Reichspräsidenten dem Katalog *Constants* entsprächen[41]. Dieser charakterisiert seinen „pouvoir neutre" aber weniger nach den Kompetenzen, sondern nach der Art ihrer Anwendung. Sie sollen nur zur Mäßigung der anderen Gewalten gebraucht werden[42], sind aber so konstruiert, daß sie auch zur eigenen Machtausübung verwendet werden können. Da Carl Schmitt eine Kontrolle des Staatsoberhaupts durch ein Verfassungsgericht ablehnt[43], muß er die Loyalität des Reichspräsidenten voraussetzen[44], dessen „Neutralität"[45] er durch die Volkswahl zu sichern hofft[46]. Auf eine kurze Formel gebracht, fordert Carl Schmitt eine Erweiterung der Kompetenzen des Reichspräsidenten und möchte ihn gleich-

---

[35] *Bagehot* (a.a.O., S. 51) behauptet in der ihm eigenen drastischen Art, die Königin müsse auch ihr eigenes Todesurteil unterschreiben, falls es beide Häuser des Parlaments beschließen.

[36] *Klaus v. Beyme:* Der Begriff der parlamentarischen Regierung, in: *Kurt Kluxen* (Hrsg.), a.a.O., S. 189.

[37] In diesem Sinne bereits: *Leo Wittmayer:* Die Weimarer Reichsverfassung, Tübingen 1922, S. 310 ff.

[38] *Carl Schmitt:* Der Hüter der Verfassung, Tübingen 1931, bes. S. 132 ff.

[39] *Carl Schmitt,* a.a.O., S. 148.

[40] *Benjamin Constant:* De la nature du pouvoir royal dans une monarchie constitutionelle, in: Principes de politique, Oeuvres, Paris 1957 (Edition Gallimard), S. 1078 ff.

[41] *Carl Schmitt,* a.a.O., S. 138.

[42] *Karl Doehring:* Der „pouvoir neutre" und das Grundgesetz, in: Der Staat, Bd. 3, 1964, S. 205.

[43] *Carl Schmitt,* a.a.O., S. 156.

[44] *Doehring,* a.a.O., S. 205.

[45] Zum Begriff „Neutralität" s. unten I, 2, e, aa.

[46] *Carl Schmitt,* a.a.O., S. 158.

zeitig zum Schiedsrichter über alle Träger politischer Macht machen[47].
Hier setzt die Kritik ein: Der Reichspräsident ist aufgrund seiner Kompetenzen selbst ein Träger politischer Macht. Räumt man ihm dazu eine Schiedsrichterstellung ein, so wird er zum „Richter in eigener Sache"[48].

Auf das Grundgesetz sind Carl Schmitts Gedanken nicht anwendbar. Um „Hüter der Verfassung" zu sein, fehlen dem Bundespräsidenten wichtige Kompetenzen und vor allem die vom Parlament unabhängige Legitimation durch die Volkswahl[49].

Dennoch wird der Bundespräsident von einigen Autoren als Gegengewicht gegen die Parteien gesehen[50]. In dieser Eigenschaft soll er in doppelter Weise tätig werden: einmal schützt er den Bundeskanzler vor den Forderungen der Parteien und im anderen Fall soll er die Parteipolitisierung der unpolitischen Beamtenschaft verhindern.

Die Ausgangslage im ersten Fall ist, daß der Bundeskanzler unter dem Druck der Parteien dem Bundespräsidenten „unsachgemäße" Vorschläge für die Ministerernennung machen muß. Es ist dann Sache des Bundespräsidenten, als „Wahrer der Staatlichkeit"[51] derartige Ansinnen von sich zu weisen[52]. Der praktische Erfolg wäre keine große Hilfe für den Bundeskanzler: er müßte für seine Ministerliste neben dem Einverständnis der Koalitionsfraktionen auch noch das des Bundespräsidenten einholen.

Die zweite Richtung will im Bundespräsidenten den Hüter des unpolitischen Beamtentums sehen[53]. Nachdem schon früher eine stärkere Beteiligung des Bundespräsidenten bei der Beamtenernennung gefordert worden war[54], machte *Eberhard Menzel* diesen Gedanken zur

---

[47] Hier liegen Parallelen zum gaullistischen Gedankengut, wie es sich in Art. 5 und 16 der französischen Verfassung vom 4. Oktober 1958 zeigt; vgl. *Peter Zürn:* Die republikanische Monarchie, München 1965, S. 55.

[48] *Hans Kelsen:* Wer soll der Hüter der Verfassung sein?, Berlin 1931, S. 6.

[49] *Werner Weber:* Die Verfassung der Bundesrepublik in der Bewährung, Göttingen 1957, S. 37.

[50] *Ernst Albert:* Materielle Prüfungsbefugnisse des Bundespräsidenten, Diss. Erlangen 1956, S. 140; *Helmut Küppers:* Das Prüfungsrecht des Bundespräsidenten gegenüber Gesetzen, Diss. Mainz 1953, S. 116.

[51] *Eberhard Menzel:* Ermessensfreiheit des Bundespräsidenten bei der Ernennung der Bundesminister?, in: DÖV 1965, S. 593.

[52] *Menzel,* a.a.O., S. 596; *Heinrich Herrfahrdt,* Diskussionsbeitrag, VVStRL 8, S. 61; *Hans Schneider,* Diskussionsbeitrag, VVDStRL 16, S. 140; ähnlich auch *Theodor Eschenburg:* Zur politischen Praxis in der Bundesrepublik, München 1964, S. 133; ders.: Was darf der Präsident?, in: Die Zeit Nr. 10 v. 7. März 1969, S. 3.

[53] *Albert,* a.a.O., S. 58, 74.

[54] z. B. *Eschenburg:* Die Möglichkeiten zur parteipolitischen Neutralisierung der Beamtenschaft, in: DÖV 1952, S. 290.

Grundlage seiner Lehre vom dualistischen Staatsaufbau[55]. Menzel unterscheidet eine parteipolitische Strukturreihe, an deren Spitze der Bundeskanzler steht, und eine staatspolitische Strukturreihe, zu der er die Beamtenschaft und den Bundespräsidenten zählt, eine Einteilung, die an *Carl Schmitts* Unterscheidung zwischen Staats- und Parteipolitik erinnert[56, 57]. Aus der Funktion des Bundespräsidenten als „Hüter der staatlichen Dignität"[58] leiten sich seine Kompetenzen ab, wie etwa die Entscheidung auf dem Gebiet der Beamtenernennung. Ein Gegeneinanderarbeiten der beiden Strukturreihen will Menzel durch das „verfassungsrechtliche Gebot der konkordanten Entscheidungen des Bundespräsidenten und Bundeskanzlers"[59] verhindern. Es fordert gegenseitige Rücksichtnahme. Da Menzel die Stärke des gegenseitigen Ablehnungsrechts nicht nur nach der Art des Regierungsakts, sondern auch nach den Ablehnungsgründen differenziert, ist es im konkreten Fall sehr schwer festzustellen, wer wieweit auf wen Rücksicht nehmen muß.

Außerdem ist es nicht sehr glücklich, den Bundespräsidenten zum „Präsidenten der Beamtenschaft" zu machen. Wenn er Gesetze ausfertigt oder Regierungsakte erläßt, verkündet er die im parteipolitischen Sektor gefallene Entscheidung und steht damit formell an der Spitze dieser Strukturreihe.

Menzels Lehre vom dualistischen Staatsaufbau ist mit dem parlamentarischen System nicht zu vereinbaren[60]. Außerdem führt sich Menzel selbst ad absurdum; denn wenn der Bundespräsident die Kompetenzen hätte, die ihm Menzel aufgrund seiner parteipolitischen Neutralität zugestehen will, dann müßte er in Ausübung dieser Kompetenzen parteipolitische Entscheidungen treffen und wäre nicht mehr neutral.

Ob man in einer konkreten Situation oder ganz allgemein das reine parlamentarische System für funktionsfähig hält oder nicht[61], ist eine

---

[55] DÖV 1965, S. 590 ff.

[56] *Carl Schmitt:* Der Hüter der Verfassung, S. 103.

[57] Vgl. dazu unten I, 2, e, aa.

[58] *Menzel,* DÖV 1965, S. 591.

[59] *Menzel,* DÖV 1965, S. 592.

[60] *Hartmut Maurer:* Hat der Bundespräsident ein politisches Mitspracherecht?, in: DÖV 1966, S. 669, Anm. 18.

[61] Das Mißtrauen gegenüber den Parteien ist bei *Carl Schmitt* kein unreflektiertes Vorurteil. Carl Schmitt ist ein Anhänger von *Thomas Hobbes,* dem klassischen autoritären Staatsdenker. Hobbes forderte in der Situation des konfessionellen Bürgerkriegs, Carl Schmitt wegen der innenpolitischen Zerrissenheit der Weimarer Republik das starke Staatsoberhaupt. Beide bekämpften die pluralistischen Gruppen (Hobbes in erster Linie die reli-

politische Grundsatzentscheidung, die sich weder beweisen noch widerlegen läßt. Wer aber das Grundgesetz interpretieren will, muß davon ausgehen, daß dort eben dieses System vorgeschrieben ist, das von der Funktionsfähigkeit der politischen Parteien ausgeht. Es ist nicht zulässig, monarchistische oder präsidialdemokratische Gegengewichte in das parlamentarische System hineinzuinterpretieren, nur weil man den Parteien mißtraut. Das parlamentarische System ist in sich stabil. Neben der Bundesregierung und den gesetzgebenden Körperschaften bedarf es keines weiteren politisch agierenden Organs[62].

e) Begriffsverwirrungen

aa) Neutralität

Es besteht Einigkeit darüber, daß das Staatsoberhaupt nach der Weimarer Reichsverfassung und dem Grundgesetz neutral sein soll. Was Neutralität ist, ist jedoch umstritten.

Carl Schmitt versteht darunter die Befugnis des Reichspräsidenten, politische Entscheidungen unabhängig vom Reichstag zu treffen. Das Staatsoberhaupt tritt im Streit der Meinungen nicht nur als Vermittler auf, sondern darf „im Notfall", über dessen Vorliegen es selbst befindet, „aktiv" tätig werden[63]. Verständlich ist das nur im Zusammenhang mit Carl Schmitts Unterscheidung zwischen Staats- und Parteipolitik[64]. Im Konfliktsfall setzt der Reichspräsident dem parteipolitischen Gezänk ein Ende, indem er nach staatspolitischen Gesichtspunkten eine überparteiliche und damit „neutrale" Entscheidung trifft. Eine überparteiliche Staatspolitik gibt es aber ebensowenig wie eine neutrale politische Entscheidung. Wer sich darauf beruft, verschleiert nur die eigene Subjektivität und verabsolutiert seine persönlichen politischen Ansichten[65]. Da nach Carl Schmitt der Reichspräsident allein und endgültig entscheidet, sollte man hier nicht von „Neutralität", sondern eher von „Souveränität" sprechen.

---

giösen, Carl Schmitt die politischen Parteien), die sie für die Unruhen verantwortlich machten. Carl Schmitt hat ein pessimistisches Bild vom Menschen und beruft sich dabei auf Hobbes (Der Begriff des Politischen, Berlin 1963, S. 45), während beide dem Staat und dem Staatsoberhaupt nicht mißtrauen. Der Fall, daß dieses versagt, ist in ihrem System nicht vorgesehen. Der Staatszweck ist jedoch nicht die Macht des Staates, sondern das Wohl der Bürger. Hobbes und Carl Schmitt sind daher als autoritäre, nicht aber als totalitäre Denker anzusprechen.

[62] *Theodor Eschenburg:* Zur politischen Praxis in der Bundesrepublik, Bd. II, München, S. 264.

[63] *Carl Schmitt:* Der Hüter der Verfassung, S. 137.

[64] Vgl. *Carl Schmitt,* a.a.O., S. 103.

[65] *Ekkehart Stein:* Lehrbuch des Staatsrechts, Tübingen 1968, S. 89.

Unter Neutralität sollte man nicht die souveräne Entscheidung, sondern die Nicht-Entscheidung verstehen. Wer als Neutraler im Streit der Parteien vermitteln will, darf nicht selbst Partei ergreifen. Soll das Staatsoberhaupt neutral sein, dann darf es keine Befugnisse erhalten, die ihm die Verwirklichung eigener politischer Vorstellungen ermöglichen.

Es wäre müßig, auf diese Begriffsverwirrung hinzuweisen, wenn Carl Schmitts Neutralitätsbegriff[66] und seine Trennung von Staats- und Parteipolitik[67] sich nicht auch in der heutigen Literatur fänden.

Ob der Bundespräsident ein „pouvoir neutre" ist, hängt vom zugrunde gelegten Neutralitätsbegriff ab. Im Sinne *Constants*[68] oder *Carl Schmitts* kann man den Bundespräsidenten nicht als „pouvoir neutre" bezeichnen[69]. Man kann den Begriff zwar so definieren, daß er auf den Bundespräsidenten anwendbar ist. Damit hätte man zwei verschiedene Definitionen für „pouvoir neutre" und würde die mehrdeutigen staatsrechtlichen Begriffe um einen weiteren vermehren. Aus dem gleichen Grund soll hier vom „Hüter der Verfassung" nur im Schmittschen Sinne gesprochen werden. Der Bundespräsident ist in diesem Sinn kein „Hüter der Verfassung".

bb) Repräsentation

Auch der Begriff der Repräsentation, der bisweilen in Zusammenhang mit dem Staatsoberhaupt gebraucht wird, gibt zu Mißverständnissen Anlaß. Man hat es sich nun einmal angewöhnt, den Bundespräsidenten als Repräsentanten zu bezeichnen; denn schließlich „repräsentiert" er den Staat ja nach innen und außen[70]. Dem steht die staatsrechtliche Repräsentationslehre gegenüber, die nicht am Staatsober-

---

[66] z. B. *Werner Weber*: Die Verfassung der Bundesrepublik in der Bewährung, S. 37; *Doehring*, a.a.O., S. 207 ff.; *Dimitris Tsatsos*: Inkompatibilität zwischen dem Bundespräsidentenamt und dem parlamentarischen Mandat, in: DÖV 1965, S. 600 f.

[67] *Franz Knöpfle*: Das Amt des Bundespräsidenten in der Bundesrepublik Deutschland, in: DVBl. 1966, S. 714.

[68] *Constant*, a.a.O., S. 1085 f., hält seine Lehre auf republikanische Staatsoberhäupter nicht für anwendbar.

[69] *Rolf-Richard Grauhan*: Gibt es in der Bundesrepublik einen „pouvoir neutre"?, Diss. Heidelberg 1959, S. 93; *Otto Kimminich*, in: Bonner Kommentar, Vorbemerkung zu Art. 54—61 (Zweitbearbeitung), Rdn. 20.

[70] Im Sinne einer machtlosen Repräsentation gebrauchen diesen Begriff z. B.: *Hans-Joachim Winkler*: Der Bundespräsident — Repräsentant oder Politiker?, Opladen 1967; *Theodor Eschenburg*: Was darf der Präsident? Sein Auftrag erschöpft sich nicht in der Repräsentation, in: Die Zeit Nr. 10 v. 7. März 1969, S. 3. Das geht schon aus den Untertiteln hervor.

haupt, sondern am Parlament entwickelt worden ist[71]. Nach ihr ist Repräsentation als Herrschaft anzusehen[72]. Überträgt man nun diesen Repräsentationsbegriff auf das Staatsoberhaupt, dann kann man entweder zu dem Schluß kommen, daß der Bundespräsident als Repräsentant auch Anteil an der staatlichen Hoheitsgewalt haben müsse[73], oder man stellt im Einklang mit der Verfassungswirklichkeit fest, daß der Bundespräsident keine Macht hat und schließt daraus, daß er nicht Repräsentant und folglich auch kein Staatsoberhaupt sein könne[74]. Beide Schlüsse sind falsch; denn die Repräsentation durch das Staatsoberhaupt und die durch das Parlament liegen auf verschiedenen Ebenen. Die Verwirrung ist vollständig, wenn man die Repräsentation im völkerrechtlichen Sinne einbezieht und aus Art. 59 I GG nicht nur die Kompetenz des Bundespräsidenten zur Vertretung der Bundesrepublik nach außen, sondern auch — in krassem Widerspruch zu Art. 65 GG — ein Recht des Bundespräsidenten zur Bestimmung oder Mitbestimmung der Außenpolitik ableitet[75]. Eine Klärung des Repräsentationsbegriffs[76] erübrigt sich in diesem Zusammenhang; denn eine Repräsentationsfunktion im staatsrechtlichen Sinn kommt zwar dem Parlament, nicht aber dem Bundespräsidenten zu[77]. Falls man diesen Begriff überhaupt auf den Bundespräsidenten anwenden will, könnte man von einer gewaltlosen Repräsentation sprechen, also von einer Vertretung des Staates, über deren politischen Inhalt nicht der Bundespräsident entscheidet, sondern die nach dem Grundgesetz zustän-

---

[71] *Kimminich*, VVDStRL 25, S. 50.

[72] *Gerhard Leibholz:* Das Wesen der Repräsentation und der Gestaltwandel der Demokratie im 20. Jahrhundert, 3., erw. Aufl., Berlin 1966, S. 140; *Ernst Fraenkel:* Die repräsentative und plebiszitäre Komponente im demokratischen Verfassungsstaat, Tübingen 1958, S. 5; *Karl Loewenstein:* Verfassungslehre, Tübingen 1959, S. 35.

[73] *Knöpfle*, a.a.O., S. 719.

[74] *Wilhelm Henke:* Die Bundesrepublik ohne Staatsoberhaupt, in: DVBl. 1966, S. 725 ff.

[75] Verfechter dieser Theorie (Der Bundespräsident als „Außenkanzler") sind: *Hermann v. Mangoldt:* Das Bonner Grundgesetz, Berlin und Frankfurt 1953, S. 317; *Hermann v. Mangoldt* und *Friedrich Klein:* Das Bonner Grundgesetz, 2. Auf., Band II, S. 1133; *Hans Nawiasky:* Die Grundgedanken des Grundgesetzes für die Bundesrepublik Deutschland, Stuttgart und Köln 1950, S. 108; *Friedrich Karl Puhl:* Die staatsrechtlichen Voraussetzungen der Ratifikationserklärung des Bundespräsidenten, Diss. Köln 1953, S. 27. Eine vermittelnde Ansicht (Der Bundespräsident ist auf ein Vetorecht bei der Vertragsratifikation beschränkt) vertritt *Hermann Mosler:* Die auswärtige Gewalt im Verfassungssystem der Bundesrepublik Deutschland, in: Festschrift für Bilfinger, Köln und Berlin 1954, S. 279 ff. Dem hat sich *Hans-Jürgen Schlochauer:* Öffentliches Recht, Karlsruhe 1957, S. 63, angeschlossen.

[76] Vgl. dazu *Kimminich*, VVDStRL 25, S. 50—70 m. Nachw.

[77] *Kimminich*, VVDStRL 25, S. 62; ders. in: Bonner Kommentar, Vorbemerkung zu Art. 54—61 (Zweitbearbeitung), Rdn. 15.

digen Organe, nämlich Bundestag und Bundesregierung. Diese „gewalt-
lose Repräsentation" ist weitgehend deckungsgleich mit dem, was
unten[78] die Funktion des Bundespräsidenten als formeller Aktautor
genannt wird.

3. Gegenzeichnung und parlamentarisches System

Wer Art. 65 GG S. 1 liest, der zweifelt nicht daran, daß das bedeu-
tendste politische Amt in der Bundesrepublik das des Bundeskanzlers
ist. Diese Annahme wird durch die Literatur über die Richtlinienkompetenz bestätigt[79].

Der unbefangene Leser des Art. 58 GG muß jedoch annehmen, daß
es zunächst der Bundespräsident ist, der handelt[80]. Dieser Gegensatz
ist erstaunlich; aber es ist noch erstaunlicher, daß es zwischen den
Anhängern beider Richtungen zu keiner ernsthaften Auseinandersetzung gekommen ist. Das hat seinen Grund darin, daß jeder seine eigene
Terminologie hat und es möglichst vermeidet, die der anderen Partei
zu benutzen. Der Gegenzeichnungsterminologie, die den eigentlichen
Unterzeichner (das Staatsoberhaupt) und den Gegenzeichner (das Regierungsmitglied) unterscheidet, steht die Frage nach den Prüfungskompetenzen des Bundespräsidenten gegenüber. Prüfen hat seinen
Sinn bei fremden, nicht aber bei eigenen Handlungen.

Die beiden Terminologien beziehen sich nicht, wie zu erwarten wäre,
auf verschiedene, sondern auf die gleichen Kompetenzen. Die Minister-
und Beamtenernennung sind z. B. nach Grundgesetz und Gegenzeichnungsterminologie Kompetenzen des Bundespräsidenten. Die Interpre-
ten des Art. 65 GG schreiben dagegen die Entscheidung in beiden
Fällen dem Bundeskanzler und der Bundesregierung zu[81].

Da aber nur Bundespräsident *oder* Bundeskanzler für die Entscheidung zuständig sein kann, muß eine der beiden Theorien falsch und
eine der beiden Terminologien wirklichkeitsfremd sein. Um das Ergeb-

---

[78] Vgl. unten IV, 4.

[79] Vgl. z. B. *Wilhelm Hennis:* Richtlinienkompetenz und Regierungstechnik, Tübingen 1964; *Ernst Ulrich Junker:* Die Richtlinienkompetenz des
Bundeskanzlers, Tübingen 1965; vgl. dazu auch: *Jean Amphoux:* Le Chancelier Fédéral dans le Régime Constitutionnel de la République Fédérale
d'Allemagne, Paris 1962.

[80] Vgl. *Jürgen Kastner:* Die Gegenzeichnung im deutschen Staatsrecht,
Diss. Münster 1962; *Heribert Pöttgen:* Die Gegenzeichnung der Amtshandlungen des Bundespräsidenten nach Artikel 58 des Grundgesetzes, Diss.
Köln 1958; *Krafft Frhr. Schenck zu Schweinsberg:* Die ministerielle Gegenzeichnung, Diss. Bonn 1961; *Kurt Servatius:* Die Gegenzeichnung von Handlungen des Bundespräsidenten, Diss. Köln 1960.

[81] *Hennis,* a.a.O., S. 13 f.; *Junker,* a.a.O., S. 130 ff.

nis vorwegzunehmen: Die Grundvoraussetzung der Gegenzeichnungsterminologie, nämlich die Annahme, daß der Bundespräsident handelt,
wird sich als falsch erweisen. Es muß also eine neue Grundvoraussetzung gesucht und darauf eine Theorie aufgebaut werden.

Zunächst müssen wir uns jedoch mit der geschichtlichen Entwicklung
der Gegenzeichnung befassen und die wechselnde Bedeutung dieses
Rechtsinstituts in den verschiedenen Regierungssystemen untersuchen.
Das geschieht nicht zuletzt unter der Fragestellung: wer handelt, das
Staatsoberhaupt oder die Regierung?

II. Die geschichtliche Entwicklung der Gegenzeichnung

Mit der Einteilung in Vorgeschichte und Geschichte der Gegenzeichnung soll der Unterschied zwischen einer lange geübten Verwaltungstechnik und dem Rechtsinstitut im modernen staatsrechtlichen Sinn betont werden.

1. Die Vorgeschichte der Gegenzeichnung

Die Vorgeschichte der Gegenzeichnung umfaßt Urkunden, die neben der Unterschrift des Staatsoberhaupts die eines Beamten tragen, der damit jedoch noch nicht die Verantwortung für den Regierungsakt gegenüber einem Parlament übernimmt.

a) Die Gegenzeichnung im römischen Reich

Das erste bekannte Dokument dieser Art ist eine Urkunde des römischen *Kaisers Antoninus Pius* aus dem Jahre 139 n. Chr.[1]. *Kaiser Konstantin* erließ im Jahre 341 eine Verordnung, nach der zur Vollziehbarkeit kaiserlicher Urkunden die Unterzeichnung des Quästors nötig war[2]. Die Novelle 114 *Justinians* aus dem Jahre 541 bestimmt, daß jeder als Urkundenfälscher zu bestrafen ist, der kaiserliche Befehle vorweist, die nicht vom Quästor unterzeichnet sind[3]. Ähnliches bestimmt auch schon die Novelle 105 aus dem Jahre 536[4]. Der Zweck dieser Bestimmungen war der Schutz der Untertanen vor Fälschungen kaiserlicher Urkunden.

---

[1] *Richard-August Mond:* Gegenzeichnung und Verantwortung in der Entwickelung der Staatsformen unter besonderer Berücksichtigung der Weimarer Reichsverfassung, Diss. Hamburg 1923, S. 16 f.; *Johannes Mrose:* Wirkung und Bedeutung der Gegenzeichnung in Vergangenheit und Gegenwart des Staatsrechts des Deutschen Reiches und des Königreichs Sachsen, Diss. Leipzig 1912, S. 6 f.

[2] *Harry Bresslau:* Handbuch der Urkundenlehre für Deutschland und Italien, 1. Bd., 2. Auf., Leipzig 1912, S. 186; *Hans v. Frisch:* Die Verantwortlichkeit der Monarchen und höchsten Magistrate, Berlin 1904, S. 12; *Rudolf Vallentin:* Die Gegenzeichnung beim Kabinettswechsel, Diss. Stettin 1930, S. 13.

[3] *Bresslau,* a.a.O., S. 186; *v. Frisch,* a.a.O., S. 12; *Richard Jaeger:* Die staatsrechtliche Bedeutung der ministeriellen Gegenzeichnung im Deutschen Reichsstaatsrecht 1871—1945, Diss. München 1948, S. 4; *Vallentin,* a.a.O., S. 13.

[4] *v. Frisch,* a.a.O., S. 12.

b) Die Gegenzeichnung im Frankenreich

Ohne daß sich ein Zusammenhang mit der Gegenzeichnung der Römer nachweisen ließe[5], taucht die Gegenzeichnung dann im Frankenreich auf. Auch hier dient sie dem Schutz vor Fälschungen. Besondere Bedeutung erlangte die Gegenzeichnung zur Zeit der Karolinger, die im Gegensatz zu den Merowingern meist nicht schreiben konnten. Statt des Namenszugs unterzeichneten sie mit einem Monogramm, von dem sie oft nur einen kleinen Teil selbst schrieben[6]. Hier bürgte der Namenszug eines Beamten für die Echtheit der Urkunde. Das war mehr als eine Formalie; denn im Mittelalter scheuten sich auch hohe geistliche und weltliche Herren nicht, zur Untermauerung zweifelhafter Rechtsansprüche Urkunden fälschen zu lassen[7].

War der König des Lesens unkundig, dann mußte ihm durch die Gegenzeichnung eines Beamten versichert werden, daß der Text der Urkunde der von ihm gewünschte war. Erwies sich die Urkunde später als unterschoben, dann wies die Gegenzeichnung den Verantwortlichen aus, der sonst wohl kaum mehr festzustellen gewesen wäre.

c) Das Siegeln in England

Während das Siegel bei den Römern nur zum sicheren Verschluß der Schriften und bei den Merowingern als Erkennungszeichen diente, hatte es in England eine ähnliche Funktion wie die Gegenzeichnung auf dem Kontinent. Seit *Eduard dem Bekenner* (1042—1066) tragen englische Urkunden in der Regel keine Unterschrift, dafür aber bis zu drei Siegel[8]. Die königliche Unterschrift kam erst zur Zeit *Karls II.* wieder auf. Die formelle Gegenzeichnung ist in England unbekannt[9].

d) Die Gegenzeichnung im deutschen Reich

Im deutschen Reich zeichnete zuerst der Erzkanzler gegen. Da dieser meist nicht am kaiserlichen Hof weilte, wurde die Gegenzeichnung durch den Reichsvizekanzler die Regel.

---

[5] *v. Frisch*, a.a.O., S. 13.

[6] *Mrose*, a.a.O., S. 14.

[7] Vgl. *Friderich Carl v. Moser:* Abhandlung von der Contra-Signatur, nach dem neuern Gebrauch der Höfe und Canzleyen, in: Kleine Schriften, Zur Erläuterung des Staats- und Völcker-Rechts wie auch des Hof- und Canzley-Ceremoniels, Fünfter Band, Frankfurt am Main 1755, S. 11.

[8] *Hugo Reichard:* Die Gegenzeichnung und die Verantwortlichkeit des Reichskanzlers auf rechtsvergleichender Grundlage, Diss. Marburg 1907, S. 4 f.

[9] *Joachim Schendel:* Das Institut der Ministerverantwortlichkeit nach geltendem Reichsrecht, Diss. Leipzig 1929, S. 16.

In den meisten deutschen Ländern wurde die Gegenzeichnung im 17. oder 18. Jahrhundert eingeführt[10]. Je wichtiger die Urkunde, desto ranghöher war der gegenzeichnende Beamte. An einigen Höfen bildete sich die Gewohnheit heraus, daß nur Minister das Recht zur Gegenzeichnung hatten[11] oder daß der fachlich zuständige Beamte gegenzeichnete[12]. Protokollarische Gründe spielten damals für die Auswahl des gegenzeichnenden Beamten eine große Rolle: die Gegenzeichnung eines Beamten geringen Ranges galt als Zeichen der Verachtung gegenüber dem Empfänger der Urkunde[13].

e) Die Bedeutung der Gegenzeichnung im Zeitalter des Absolutismus

Zur Zeit des Absolutismus büßte die Gegenzeichnung ihre Funktion als Echtheitsbeglaubigung der Urkunde und der Unterschrift des Monarchen ein[14]. Das Fälschen von Urkunden war in dieser Zeit nämlich weitgehend aus der Übung gekommen. Die Gegenzeichnung soll dem Monarchen die Richtigkeit der Urkunde bescheinigen und ihm die Zeit ersparen, diese durchlesen zu müssen[15]. Dazu muß die Gegenzeichnung vor der Unterzeichnung durch den Monarchen erfolgen[16].

Aus der Unterschrift des Beamten ergibt sich eine dienstliche Verantwortlichkeit gegenüber dem Monarchen. Der Beamte haftet zunächst für die Richtigkeit der Urkunde. Da der Monarch nicht auf allen Gebieten sachkundig sein kann, muß er sich häufig auf den Rat seiner Minister verlassen. In diesen Fällen ist der Minister gegenüber dem Monarchen für die Zweckmäßigkeit des Regierungsakts verantwortlich. Diese Art der Verantwortlichkeit unterscheidet sich nicht von der dienstlichen Verantwortlichkeit der übrigen Beamten. Man kann hier noch nicht von einer spezifischen Ministerverantwortlichkeit sprechen; denn diese müßte von einem Parlament geltend gemacht werden können.

f) Vorläufer der Ministerverantwortlichkeit

Die Verbindung von Gegenzeichnung und Ministerverantwortlichkeit ist das Kriterium des Übergangs von der Vorgeschichte zur Geschichte

---

[10] Nähere Angaben bei *v. Moser*, a.a.O., S. 93 ff.

[11] *v. Moser*, a.a.O., S. 45.

[12] *v. Moser*, a.a.O., S. 46 f.

[13] Ebda.

[14] *v. Moser*, a.a.O., S. 4.

[15] *v. Moser*, a.a.O., S. 9, 45.

[16] *v. Moser*, a.a.O., S. 45. Zu eng ist daher v. Mosers Definition der Gegenzeichnung, nach der immer zuerst der Monarch unterzeichnen müßte (a.a.O., S. 3).

der Gegenzeichnung. Jedoch gibt es auch vorher den Gedanken einer Verantwortlichkeit der Minister, die über die dienstliche Verantwortlichkeit gegenüber dem Monarchen hinausgeht. Das ältere deutsche Privatrecht kennt etwa eine Haftung des Schreibers (cancellarius) für den Bestand des von ihm beurkundeten Rechtsgeschäfts[17]. Die Ministerverantwortlichkeit läßt sich jedoch nicht allein aus diesem Rechtsinstitut herleiten[18].

Zwischen dem ständischen Beschwerderecht und der Ministerverantwortlichkeit besteht zwar eine Ähnlichkeit, aber keine Rechtskontinuität[19]. Da die Beschwerde an den Fürsten zu richten war und dieser nicht gezwungen werden konnte, der Klage stattzugeben, ist sie eher als eine Anregung an den Monarchen zu verstehen, die dienstliche Verantwortlichkeit geltend zu machen. Waren die Stände in der Lage, den Fürsten zu überzeugen oder politischen Druck auf ihn auszuüben, dann konnten sie hoffen, daß ihre „Anregung" aufgegriffen wurde.

Eine Äußerung, die zur Überschätzung des ständischen Beschwerderechts Anlaß geben könnte, findet sich in einem Brief des *Freiherrn vom Stein:* „Auch fehlt es nicht an Beispielen, daß die Stände die Bestrafung unwürdiger Minister forderten und erhielten, in Sachsen des Kanzlers *Crell,* im Württembergischen des Herrn v. *Grävenitz,* Juden und Geheimerat *Süß* und später des *Grafen Montmartin*[20]." Crell, v. Grävenitz und Süß-Oppenheimer wurden unmittelbar nach einem Thronwechsel verhaftet[21]. Das läßt bereits den Schluß zu, wer die eigentlich treibende Kraft bei der Verhaftung war. Eine Hofintrige scheint die Hauptursache des Sturzes gewesen zu sein. Eine Mitwirkung der Stände ist aber sicher, außer im Fall v. Grävenitz. Süß-Oppenheimer war übrigens kein Minister. Der Sturz des Grafen Montmartin dürfte das beste der angeführten Beispiele sein. Er trat als Premierminister zurück, als die Stände ihn anklagten, blieb aber noch eine Zeitlang Vertrauter des Herzogs[22].

---

[17] *Mrose,* a.a.O., S. 26 f.; *Rudolf Sohm:* Zur Trauungsfrage (Zeitfragen des christlichen Volkslebens, Bd. IV, Heft 1), Heilbronn 1879, S. 14.

[18] *v. Frisch,* a.a.O., S. 51; a. A. *Sohm,* a.a.O., S. 14.

[19] *Conrad Bornhak:* Preußisches Staatsrecht, 1. Aufl., 1. Bd., Freiburg 1888, S. 135.

[20] Zitiert nach *v. Frisch,* a.a.O., S. 50.

[21] Vgl. Historische Commission bei der Königl. Akademie der Wissenschaften in München (Hrsg.): Allgemeine Deutsche Biographie, Leipzig 1875—1912, Bd. 17, S. 121; Bd. 9, S. 617; Bd. 37, S. 182.

[22] Vgl. Allgemeine Deutsche Biographie, Bd. 22, S. 204.

g) Das Impeachment in England

In England entwickelte sich aus dem Beschwerderecht des Parlaments das sogenannte Impeachment[23]. Die Anklage erhebt das Unterhaus, während das Oberhaus als Staatsgerichtshof fungiert und über die Anklage entscheidet. Das erste Verfahren dieser Art fand im Jahre 1376 gegen *Lord Latimer* u. a. statt[24]. Während bei der später zu behandelnden Ministeranklage in Deutschland Verfassungsverletzung als Delikt im Mittelpunkt stand, konnte der Beamte in England nur wegen eines nach dem Common Law strafbaren Delikts verurteilt werden. Es handelte sich also um ein rein strafrechtliches Verfahren, das aber nie wegen des Vorliegens eines strafrechtlichen Tatbestands, sondern aus politischen Gründen in Gang gesetzt wurde. Da ein strafbares Delikt denn auch in der Regel nicht vorlag, wurde der Begriff „Hochverrat" erheblich ausgedehnt. So wurde im November 1640 *Lord Strafford* wegen Hochverrats angeklagt. Da dieser Tatbestand aber nicht gegeben war, verabschiedete das Parlament eine „Bill of Attainder", d. h. es schuf durch Gesetz die fehlende Rechtsgrundlage für die Verurteilung. Nachdem *König Karl I.* dem Gesetz zugestimmt hatte, wurde Lord Strafford verurteilt und hingerichtet[25].

Im Prozeß gegen *Graf Danby* (1668) wurden die Grundsätze aufgestellt, daß der König den Verurteilten nicht begnadigen dürfe, daß eine Auflösung des Unterhauses die Anklage nicht niederschlage und daß der Minister auch für „honesty, justice and utility", d. h. für die Zweckmäßigkeit seiner Maßnahmen verantwortlich sei[26]. Es gibt aber keinen objektiven Maßstab für die Zweckmäßigkeit einer Regierungshandlung. Was zweckmäßig ist, bestimmte das Parlament.

Ein Minister mußte also mit der Möglichkeit einer Verurteilung rechnen, wenn er sich mit beiden Häusern gleichzeitig so sehr zerstritt, daß das Unterhaus ihn anklagte und das Oberhaus ihn verurteilte. Der Minister brauchte zwar noch nicht das Vertrauen des Parlaments, aber das Mißtrauen durfte wenigstens ein gewisses Maß nicht überschreiten.

---

[23] *Wilhelm Eugen Dallinger:* Die Ministeranklage in der Geschichte des bayerischen Verfassungsrechts, Diss. München 1933, S. 8.

[24] Vgl. *v. Frisch,* a.a.O., S. 45; *Robert Mohl:* Die Verantwortlichkeit der Minister in Einherrschaften mit Volksvertretung, Tübingen 1837, S. 604—606; *Reichard,* a.a.O., S. 13.

[25] Vgl. *v. Frisch,* a.a.O., S. 46; *Mohl,* a.a.O., S. 632—642; *Clayton Roberts:* The Growth of Responsible Government in Stuart England, London (Cambridge University Press) 1966, S. 77 ff.

[26] *v. Frisch,* a.a.O., S. 47; vgl. auch *Mohl,* a.a.O., S. 662—668; *David Lindsay Keir:* The Constitutional History of Modern Britain Since 1485, 7. Aufl., London 1964, S. 255 ff.; *Roberts,* a.a.O., S. 211 ff.

Das letzte Impeachment wurde 1805 gegen Melville in Gang gesetzt[27]. Zwei gescheiterte Versuche datieren aus den Jahren 1848 und 1866. Das Impeachment kam aus der Übung, weil die Regierung vom Vertrauen des Unterhauses abhängig wurde. 1782 trat *Lord North* mit seinem Kabinett zurück, weil das Unterhaus einen Mißtrauensantrag nur mit einer Mehrheit von neun Stimmen verworfen hatte und der Antrag erneuert werden sollte[28]. Die Verbindlichkeit eines solchen Votums ist jedoch erst unbestritten, seit das Unterhaus 1841 mit einer Stimme Mehrheit dem Kabinett *Melbourne* das Mißtrauen aussprach. Die Regierung hielt dieses Mißtrauensvotum für unzulässig, weil es keine Begründung enthielt, mußte sich aber der Meinung des Parlaments beugen[29].

Seit 1841 ist das im Vergleich zum Mißtrauensvotum umständliche Impeachment überflüssig. Die beiden Versuche der Jahre 1848 und 1866 zeigen jedoch, daß es noch etwas dauerte, bis das auch der letzte Unterhausabgeordnete gemerkt hatte[30].

In England entwickelte sich das parlamentarische System aus den ständischen Rechten. Auf dem Kontinent wurden diese zunächst durch die absoluten Monarchen zerstört oder zurückgedrängt. Das parlamentarische System entwickelte sich dort über die konstitutionelle Monarchie, die in Deutschland erst im ersten Weltkrieg zusammenbrach. Das konstitutionelle System ist durch die Einführung der Gegenzeichnung charakterisiert, die England nicht kennt. Da England den kontinentalen Umweg über das konstitutionelle System nicht mitmacht, lassen die folgenden verfassungsgeschichtlichen Ausführungen keine Vergleiche mit englischen Verhältnissen mehr zu. Das ändert sich erst, wenn die kontinentale Entwicklung beim reinen parlamentarischen System angelangt ist, in Deutschland also mit Einführung des Grundgesetzes.

---

[27] *v. Frisch*, a.a.O., S. 48; vgl. auch *Mohl*, a.a.O., S. 696—701.

[28] *v. Frisch*, a.a.O., S. 158; *Loewenstein*, Der britische Parlamentarismus, S. 74.

[29] Vgl. *v. Frisch*, a.a.O., S. 159; *Loewenstein*, a.a.O., S. 86.

[30] Selbstverständlich kannte die WRV mit ihrem Hang zum Perfektionismus trotz Mißtrauensvotums noch die Ministeranklage (Art. 59 WRV). Heute findet sich dieses verfassungsrechtliche Fossil noch in neun der elf deutschen Länderverfassungen, und zwar in Baden-Württemberg (Art. 57), Bayern (Art. 59), Berlin (Art. 72 II), Bremen (Art. 111), Hessen (Art. 115), Niedersachsen (Art. 31), Nordrhein-Westfalen (Art. 63), Rheinland-Pfalz (Art. 131) und im Saarland (Art. 96). Daß hier ein Rechtsinstitut ohne Nachdenken vom konstitutionellen ins parlamentarische System mitgeschleppt wurde, erkennt man schon an einigen Formulierungen, die die Ähnlichkeit mit ihren Vorbildern aus dem 19. Jahrhundert nicht verleugnen können.

2. Die Geschichte der Gegenzeichnung

a) Die Entstehung der Gegenzeichnung in Frankreich

Die Gegenzeichnung im modernen staatsrechtlichen Sinn ist in den
ersten Monaten der Französischen Revolution entstanden. Am 27. Juli
1789 legte *Mounier* der Constituante einen Ministerverantwortlichkeits-
artikel vor. Am 29. September stellte *Guillaume* einen Zusatzantrag,
der die obligatorische Gegenzeichnung in den Antrag Mounier ein-
baute[31].

Seit dem 29. September 1789 kann man von Gegenzeichnung im
engeren Sinne sprechen. Sie ist dadurch charakterisiert, daß die Regierungsakte des Monarchen von einem Minister gegengezeichnet sein
müssen. Andernfalls sind sie ungültig bzw. nicht vollziehbar. Durch
seine Gegenzeichnung wird der Minister gegenüber dem Parlament
verantwortlich, und zwar zunächst für die Verfassungs- und Rechtmäßigkeit des Regierungsakts. Das Parlament kann diese Verantwortlichkeit durch Anklage des Ministers vor dem Staatsgerichtshof geltend machen. Der Minister kann sich in keinem Fall durch Berufung
auf einen Befehl des Monarchen von der Verantwortlichkeit befreien.
Da niemand gegen seinen Willen Verantwortung übernehmen kann,
darf der Minister die vom König gewünschte Gegenzeichnung verweigern. Im Gegensatz zu allen anderen Beamten ist er nicht mehr zu
unbedingtem Gehorsam verpflichtet. Ab sofort achtete man auf die
Beachtung der Gegenzeichnungsvorschriften. Am 5. November 1789
monierte etwa *Mirabeau*, daß eine Erklärung des Königs ohne Gegenzeichnung ergangen war. Die französische Verfassung vom 3. September 1791 nahm die Gegenzeichnung auf[32]. Die Verfassung vom 24. Juni
1793 kennt zwar die Ministerverantwortlichkeit, erwähnt jedoch die
Gegenzeichnung nicht. In den französischen Verfassungen von 1795,
1798, 1804 und vom 6. April 1814 taucht die Gegenzeichnung wieder auf,
nicht jedoch in den Verfassungen vom 4. Juni 1814 und 7. August 1830.
Trotzdem war sie weiter üblich[33]. Die Ministerverantwortlichkeit
wurde etwa durch Anklage und Verurteilung der Minister *Karls X.*
(Ministerium *Polignac*) wegen der verfassungswidrigen Ordonnanzen
vom 23. Juli 1830 geltend gemacht[34].

---

[31] Vgl. dazu *v. Frisch*, a.a.O., S. 55 ff.

[32] Die erste Verfassung mit Gegenzeichnung i. e. S. ist jedoch die pol-
nische v. 3. Mai 1791, vgl. *Mond*, a.a.O., S. 39. Sie war nur bis zum 24. Oktober 1795 in Kraft und enthält die von der französischen Nationalversamm-
lung bis dahin ausgesprochenen Grundsätze; vgl. *v. Frisch*, a.a.O., S. 84,
der auch den Text bringt.

[33] *v. Frisch*, a.a.O., S. 20, 58.

[34] Eine ausführliche Schilderung findet sich bei *Mohl*, a.a.O., S. 702—713.

*b) Betrachtungen zur Ministerverantwortlichkeit
und Gegenzeichnung im 19. Jahrhundert*

Es soll hier keine kritische Gesamtdarstellung der staatsrechtlichen
Literatur bis 1918 zum Thema Gegenzeichnung erfolgen, die den Rah-
men dieser Arbeit sprengen würde, sondern nur auf einige wichtige
Probleme hingewiesen werden, deren Klärung für den Fortgang der
Untersuchung wichtig ist.

aa) Das Realsystem

Die lückenlose Einführung der Ministerverantwortlichkeit ist nur
dann möglich, wenn die Behörden nach Sachgebieten gegliedert sind
und jedes Amt einem Minister unterstellt ist. Für ein Amt, das keinem
Minister untersteht, kann niemand zur Rechenschaft gezogen werden.
Bezeichnet man den Leiter einer solchen Behörde als verantwortlich,
so wird er selbst zum Minister, unabhängig davon, ob er diesen Titel
führt oder nicht[35]. Im konstitutionellen System kann man definieren:
wer zur Gegenzeichnung berechtigt und infolgedessen verantwortlich
ist, ist Minister[36].

Der Übergang vom Provinzialsystem zum Realsystem war bereits
zur Zeit des Absolutismus erfolgt, um die Macht des Fürsten nicht
durch ein Eigenleben der Provinzialverwaltungen zu schmälern. Alle
wichtigen Behörden wurden einem Minister unterstellt, der später mit
Einführung der Ministerverantwortlichkeit dem Parlament Rechenschaft ablegen konnte.

Die einzige wichtige Ausnahme blieben bis 1918 in Deutschland sogenannte Immediatbehörden auf militärischem Gebiet, über die der
Monarch ohne Gegenzeichnung des Ministers handeln konnte. Sie bear-
beiteten etwa Operationsbefehle und militärische Planungen, z. T. auch
Offiziersernennungen, während das Ministerium mit Militärverwal-
tung und den damit zusammenhängenden finanziellen Fragen befaßt
war. Sinnvolle Abgrenzungskriterien zwischen diesen beiden „Berei-
chen" gibt es nicht[37].

---

[35] *v. Frisch*, a.a.O., S. 197, sieht die Gegenzeichnungsberechtigung als das
Essentiale der Ministerstellung an. Ebenso *Hans Ossig*: Die Stellung und die
Organisation der Regierungen im Zentralstaat und in den Gliedstaaten des
Kaiserreiches, der Weimarer Republik und der Bundesrepublik Deutschland,
Diss. München 1952, S. 21.

[36] Im Kaiserreich hatten die Staatssekretäre sämtliche Eigenschaften eines
Ministers mit Ausnahme des Titels; vgl. unten II, 2, c, dd.

[37] *Fritz Frhr. Marschall v. Bieberstein*: Verantwortlichkeit und Gegen-
zeichnung bei Anordnungen des Obersten Kriegsherrn, Berlin 1911, S. 46 ff.;
Krafft Frhr. Schenck zu Schweinsberg: Die ministerielle Gegenzeichnung,
Diss. Bonn 1961, S. 26.

Auch mit der Eigenschaft des Kaisers als oberster General läßt sich keine Regierungstätigkeit rechtfertigen, für die niemand zur Rechenschaft gezogen werden kann. *Rehm* vergleicht diese Tätigkeit treffend damit, daß der Kaiser ja auch Eisenbahnfachmann sein und die Eisenbahndirektion Berlin übernehmen könne[38]. Er versäumt es jedoch, die notwendigen Konsequenzen zu ziehen, nämlich daß der Kaiser dann in dieser Eigenschaft Untergebener des zuständigen Ministers wäre, der für ihn wie für jeden anderen seiner Beamten die parlamentarische Verantwortlichkeit zu tragen hätte. Rehm ist insofern widersprüchlich, als er den „Leiter der Eisenbahndirektion Berlin" im Gegensatz zu allen anderen Leitern von Eisenbahndirektionen von den Anweisungen des Ministers unabhängig macht, nur weil er im Nebenberuf Kaiser ist.

Immediatbehörden sind mit der Gegenzeichnungsvorschrift nicht zu vereinbaren. Diese Erkenntnis ließ sich allerdings in der politischen Wirklichkeit des Kaiserreiches nicht durchsetzen.

Es gibt heute keine gegenzeichnungsfreien Akte auf militärischem Gebiet mehr. Trotzdem ist es nicht überflüssig, auf das Realsystem und die büromäßige Geschäftsbehandlung als Voraussetzungen einer wirksamen Kontrolle der Regierung hinzuweisen. Werden Entscheidungen von einer Stelle getroffen, die von der Regierung unbhängig ist, dann ist damit eine parlamentarische Kontrolle ausgeschlossen. Was vom Parlament nicht kontrolliert wird, das kann nicht demokratisch legitimiert sein[39].

Derartige Beschränkungen des demokratischen Prinzips können aus übergeordneten Erwägungen gerechtfertigt sein. So dient etwa die Unabhängigkeit der richterlichen Gewalt dem Schutz des Rechtssuchenden. Beispiele demokratisch-parlamentarischer Willkür wie etwa der Prozeß gegen König Ludwig XVI. von Frankreich zeigen, daß man die Rechtsprechung statt dem Volk und seinen Repräsentanten besser einem unabhängigen Richterstand überträgt[40].

---

[38] *Hermann Rehm:* Oberbefehl und Staatsrecht, Straßburg 1913, S. 17.

[39] Falls nicht eine plebiszitäre Entscheidung des Volkes stattfindet, was für das Grundgesetz ein seltener Ausnahmefall wäre.

[40] Man sollte nicht versuchen, sich mit demokratisch klingenden Redensarten darüber hinwegzumogeln, daß die richterliche Unabhängigkeit eine Beschränkung des demokratischen Prinzips ist und daß sie auch außerhalb des parlamentarischen Systems steht. Wenn Art. 20 II GG bestimmt: „Alle Staatsgewalt geht vom Volk aus. Sie wird vom Volke ... durch besondere Organe ... der Rechtsprechung ausgeübt", dann ist dieser Satz, falls man ihn nicht als juristische Fiktion, sondern als politische Aussage versteht, unzutreffend und in einem Rechtsstaat nicht realisierbar.

3 Biehl

Auch die Bundesbank trifft Entscheidungen[41] unabhängig von den Weisungen der Regierung[42] und des Parlaments. Es hat sich nämlich erwiesen, daß Regierungen und Parlamente nicht sonderlich geeignet sind, für die Sicherung der Währung zu sorgen. Diese Aufgabe wurde im Rahmen ihrer Befugnisse der Bundesbank übertragen[43]. Die Unabhängigkeit der Bundesbank ist eine Durchbrechung des Realsystems. Sie widerspricht dem parlamentarischen System[44].

Neben solchen sachlich gerechtfertigten Beschränkungen des parlamentarischen Systems gibt es andere Entscheidungsverschiebungen von der Regierung auf parlamentarisch nicht verantwortliche Organe, die als bedenklich bezeichnet werden müssen. Nach dem Gesetz über die Errichtung einer Universität in Bremen[45] beschließt der Gründungssenat „über alle wichtigen Angelegenheiten der Universität" (§ 3 I), insbesondere hat er das Vorschlagsrecht in Personalangelegenheiten (§ 5 I). Die Landesregierung ist — abgesehen vom Fall der Entscheidungs- oder Beschlußunfähigkeit des Gründungssenats (§ 3 IV) — auf die Genehmigung der vorgelegten Vorschläge beschränkt und kann von sich aus keine Initiative ergreifen. Sie kann ihre Vorstellungen nur in der Weise durchzusetzen versuchen, daß sie ihr nicht genehme Vorschläge ablehnt und auf dem Verhandlungsweg annehmbare Vorschläge zu erreichen sucht. Das scheint ihr in einigen Fällen gelungen zu sein. In anderen Fällen beugte sie sich jedoch ultimativen Forderungen des Gründungssenats und bestätigte ihr nicht genehme Universitätsmitglieder. Daß die wesentlichen Entscheidungen vom Gründungssenat getroffen werden, wird mit dem Recht der Universität auf Selbstverwaltung begründet (§ 1 III Universitätsgründungsgesetz). Das

---

[41] z. B. über die Diskont-, Kredit-, Offenmarkt- und Mindestreserve-Politik, §§ 15, 16 Gesetz über die Deutsche Bundesbank v. 26. Juli 1957 (BGBl. I S. 745).

[42] § 12 Bundesbankgesetz.

[43] § 3 Bundesbankgesetz.

[44] *Carl-Theodor Samm:* Die Stellung der Deutschen Bundesbank im Verfassungsgefüge, Berlin 1967, S. 85 ff., weist darauf hin und siedelt die Bundesbank konsequenterweise im „ministerial- beziehungsweise parlamentsfreien" Raum an (a.a.O., S. 89). Er hält sie mit Recht für einen „Fremdkörper im Rechtfertigungssystem demokratischer Legitimität" (a.a.O., S. 99).
Dirk Uhlenbruck (Die verfassungsmäßige Unabhängigkeit der Deutschen Bundesbank und ihre Grenzen, München 1968) sieht den Widerspruch zwischen der Unabhängigkeit der Bundesbank und dem parlamentarischen System nicht.
Ortrun Lampe (Die Unabhängigkeit der Deutschen Bundesbank, Diss. Mainz 1966) unterläuft das Problem, indem sie nur einen möglichen Widerspruch zum Kanzlerprinzip (Art. 65 S. 1 GG) untersucht und dieses einseitig als Kompetenzverteilungsnorm innerhalb der Bundesregierung auffaßt (a.a.O., S. 133—135).

[45] v. 8. September 1970 (Gesetzblatt der Freien Hansestadt Bremen 1970, S. 101).

ist gut gemeint, aber nicht durchführbar. In Gründung befindliche Universitäten haben keine Mitglieder, die sich selbst verwalten könnten. Die Mitglieder des Gründungssenats — sechs Habilitierte und je drei Assistenten und Studenten — stammen von anderen Universitäten und werden von der Landesregierung ernannt (§ 2 II Universitätsgründungsgesetz). Gerade diese Vorschrift bezeichnete der Bremer Regierungschef, Bürgermeister *Koschnick*, als einen „Versuch, die universitären Spannungen schon in der Gründungsphase der Universität demokratisch auszutragen"[46]. Im ganzen Verfahren sieht er eine „Demokratisierung der Universität"[47]. Unklar bleibt, was an diesem Verfahren demokratisch sein soll. Die Mitglieder des Gründungsausschusses sind weder demokratisch legitimiert noch parlamentarisch verantwortlich. Die Entscheidungsverlagerung in den ministerialfreien Raum ist ein Verstoß gegen das parlamentarische System, genau wie die Errichtung kaiserlicher Immediatbehörden. Man hat diese immer als ein undemokratisches Relikt aus absolutistischer Zeit angesehen. Die neuen „Immediatbehörden" werden erstaunlicherweise mit der Forderung nach Demokratisierung begründet. Es scheint leichter zu sein, bei jeder passenden und unpassenden Gelegenheit das Wort Demokratie im Mund zu führen, als sich Gedanken darüber zu machen, was Demokratie eigentlich bedeutet.

bb) Die Unverantwortlichkeit des Staatsoberhaupts

Wäre das Staatsoberhaupt selbst verantwortlich, dann wäre eine Verantwortungsübernahme durch die Gegenzeichnung überflüssig. Im Heiligen Römischen Reich Deutscher Nation unterlag der Kaiser in geistlichen Dingen der Gerichtsbarkeit des Papstes und in weltlichen der des Pfalzgrafen bei Rhein. Das Institut der Gerichtsbarkeit des Pfalzgrafen über den Kaiser bestand jedoch mehr in der Theorie als in der Praxis[48].

Die These von der Unverantwortlichkeit des Monarchen wurde in England im 13. Jahrhundert aufgestellt, als *König Heinrich III.* noch ein Kind war („The king can do no wrong.")[49]. Im Laufe der Zeit wurde sie in Frankreich und auch in Deutschland übernommen. Es existieren verschiedene juristische Begründungen für die Unverantwortlichkeit des Monarchen[50], die alle fehlgehen und außerdem überflüssig sind.

---

[46] Verhandlungsberichte der Bremischen Bürgerschaft (Landtag), 7. Wahlperiode, 44. Sitzung v. 2. Sept. 1970, S. 2432.

[47] Ebd.

[48] *v. Frisch*, a.a.O., S. 111.

[49] *v. Frisch*, a.a.O., S. 121 f.

[50] Eine Darstellung und Kritik findet sich bei *v. Frisch*, a.a.O., S. 121—134.

Blackstone[51] hat z. B. den Satz „The king can do no wrong" wörtlich genommen und den König für unfähig erklärt, etwas schlechtes zu tun oder auch nur zu denken. Bei *Montesquieu* findet sich der Satz, der Monarch könne die Exekutive nicht schlecht leiten ohne böse Berater, die man bestrafen solle[52]. Mit Recht hat *Mohl* die Fiktion von der unwandelbaren Rechtsliebe des Monarchen[53] als „psychologisch absurd, nach der Geschichte aller Zeiten eine handgreifliche Unwahrheit"[54] bezeichnet.

Die Unverantwortlichkeit des Monarchen kann nur mit der politischen Zweckmäßigkeit begründet werden[55]. Eine Anklage des Fürsten wegen Verfassungsverletzung würde beträchtliche Verwirrung im Staat stiften und den Monarchen dazu veranlassen, mit Gewalt die ganze Verfassung außer Kraft zu setzen[56].

Bei republikanischen Staatsoberhäuptern ist unter Berücksichtigung der Rolle, die sie im jeweiligen Regierungssystem spielen sollen, zu prüfen, ob eine Unverantwortlichkeit zweckmäßig ist und wie weit sie gehen soll.

cc) Die Verantwortlichkeit der Minister

Wenn der Monarch nicht zur Rechenschaft gezogen werden kann, was hindert ihn daran, die ihm von der Verfassung gesetzten Schranken zu überschreiten? Er braucht für seine Handlungen die Gegenzeichnung eines Ministers und dieser trägt dann die Verantwortung.

Es sollen hier nicht die Literaturmeinungen dargelegt werden, warum der Minister eigentlich verantwortlich ist, ob wegen seiner Gegenzeichnung, Zustimmung, Billigung oder schlechten Beratung des Fürsten, weil der Regierungsakt „seine" Handlung oder obwohl er nicht „seine" Handlung ist[57].

Grundsätzlich müssen sich Verantwortlichkeit und Kompetenz dekken. Der Minister kann also nur für eigenes Tun und Unterlassen

---

[51] *William Blackstone:* Commentaries on the Laws of England, 15th Edition, with notes and additions by Edward Christian, London 1809, Bd. I, S. 245 f.

[52] De l'Esprit des Lois, Bd. I, Paris 1834, S. 304 f. (11. Buch, 6. Kapitel).

[53] Sie findet sich sogar in der Einleitung des Ministerverantwortlichkeitsgesetzes des Großherzogtums Hessen v. 16. Juli 1821; vgl. *v. Frisch*, a.a.O., S. 131 f.

[54] *Mohl*, a.a.O., S. 8, Anm. 1.

[55] *v. Frisch*, a.a.O., S. 130.

[56] *Mohl*, a.a.O., S. 38 f.

[57] Eine Übersicht über diese Debatte, die eng mit der über die Begründung der Unverantwortlichkeit des Monarchen verbunden ist, bringt *v. Frisch*, a.a.O., S. 186—193.

verantwortlich gemacht werden. Wenn die Verantwortlichkeit die Kompetenz übersteigt, wird der Minister zum *Prügelknaben*. Er bezieht die Prügel anstelle dessen, der die Kompetenz, aber nicht die Verantwortlichkeit hat. Die Literatur ist im Gegensatz zu dieser Verwendung des Begriffs gewöhnt, die Autoren *Buddeus*[58] und *Bischof*[59] als Verfechter der „Prügelknabentheorie" zu bezeichnen[60]. Diese Bezeichnung ist vermutlich die Vergröberung einer Äußerung von *Zoepfl*[61].

Es handelt sich hier um das Phänomen, daß ein Irrtum von Dissertation zu Dissertation weitergeschleppt wird. Bei Buddeus ist der Minister kein Prügelknabe, obwohl zwei aus dem Zusammenhang gerissene Zitate[62] das vermuten lassen. Bischofs Werk dagegen ist ein reaktionäres Pamphlet, das in der Form einer wissenschaftlichen Arbeit erschien[63]. Es stellt den Minister als Prügelknaben für die Taten des Monarchen dar. Die Ministerverantwortlichkeit wird derart absurd interpretiert, daß es praktisch unmöglich wird, sie geltend zu machen. „Konsequenterweise" bezeichnet Bischof sie als eine Komödie[64], die zur Verfassungsgarantie ungeeignet ist[65] und hält ihre Abschaffung für wünschenswert. Buddeus hat es jedenfalls nicht verdient, mit Bischof verglichen zu werden.

---

[58] *Johann Carl Imannuel Buddeus:* Die Ministerverantwortlichkeit in constitutionellen Monarchien, Monographie eines alten Geschäftsmannes, Leipzig 1833.

[59] *Hermann Bischof:* Ministerverantwortlichkeit und Staatsgerichtshöfe in Deutschland. Beleuchtung des Ultraconstitutionalismus, Gießen 1859.

[60] Vgl. z. B.: *Alfred v. Baerensprung:* Die Unverantwortlichkeit des Regenten, Diss. Göttingen 1900, S. 34; *Conrad Bornhak:* Preußisches Staatsrecht, 1. Aufl., 1. Bd., Freiburg 1888, S. 136; *v. Frisch,* a.a.O., S. 187—189; *Alfred Gundlach:* Das Wesen der Ministerverantwortlichkeit und ihre Gestaltung in den deutschen Einzelstaaten, Diss. Rostock 1904, S. 14; *Eduard Jacob:* Die Ministerverantwortlichkeit nach preussischem und Reichsstaatsrecht, Diss. Rostock 1903, S. 12; *Ernst Maurer:* Die Ministerverantwortlichkeit in konstitutionellen Monarchien, Diss. Erlangen 1898, S. 24; *Theodor Pistorius:* Die Staatsgerichtshöfe und die Ministerverantwortlichkeit nach heutigem deutschen Staatsrecht, Tübingen 1891, S. 24; *Schendel,* a.a.O., S. 25.

[61] *Heinrich Zoepfl:* Besprechung von: Bischof: Ministerverantwortlichkeit und Staatsgerichtshof in Deutschland, in: Heidelberger Jahrbücher der Literatur, 1859, S. 645.

[62] *Buddeus,* a.a.O., S. 5, 17. Diese Seiten werden auch fast ausschließlich zitiert. Die S. 7 und 18 zeigen jedoch, wie Buddeus zu interpretieren ist: als liberaler, aber etwas unsystematischer Autor, der durch seine mißverständlichen Formulierungen zu der Fehlinterpretation auch seinen Teil beigetragen hat.

[63] Vgl. *Adolf Samuely:* Das Princip der Ministerverantwortlichkeit in der constitutionellen Monarchie, Berlin 1869, S. 21 Anm. 4.

[64] *Bischof,* a.a.O., S. 99.

[65] *Bischof,* a.a.O., S. 98, 100.

Man kann die mit der Gegenzeichnung verbundene Ministerverantwortlichkeit nach zwei Kriterien einteilen. Ist der Minister für die Verfassungs- oder Rechtmäßigkeit eines Regierungsakts verantwortlich, dann spricht man von *rechtlicher,* ist er für die Zweckmäßigkeit verantwortlich, von *sachlicher* oder von *politischer* Verantwortlichkeit[66].

Man kann aber auch nach dem Forum einteilen, dem der Minister Rechenschaft schuldet[67]. Die Verantwortlichkeit des Ministers gegenüber dem Staatsoberhaupt beschäftigt uns nur unter dem Aspekt, wie weit der Minister vom Staatsoberhaupt abhängig ist, ob er etwa entlassen werden kann. Eine Verantwortlichkeit vor den ordentlichen Gerichten unterscheidet den Minister nicht von einem einfachen Staatsbürger. Als eigentliche Ministerverantwortlichkeit kann man nur die vor dem Parlament — die *parlamentarische* Verantwortlichkeit — und die vor einem Staatsgerichtshof — die staatsgerichtliche oder kurz *gerichtliche* Verantwortlichkeit — bezeichnen. Die hier vorgeschlagene Terminologie wird von den meisten Autoren verwendet, jedoch gebrauchen einige unsere Begriffe in einem anderen Sinn[68] oder sprechen von moralischer, juristischer oder anderen Verantwortlichkeiten[69], Begriffe, die wegen ihrer stets wechselnden Bedeutung hier nicht verwendet werden sollen.

Zwischen den vier Arten der Ministerverantwortlichkeit besteht folgender Zusammenhang: sowohl die rechtliche als auch die sachliche Verantwortlichkeit können parlamentarisch, also durch Interpellation, Mißbilligungsbeschluß oder — falls vorgesehen — Vertrauensentzug geltend gemacht werden. Kann das Parlament den Minister nicht zum Rücktritt zwingen, dann wird die rechtliche Verantwortlichkeit besser durch Ministeranklage vor dem Staatsgerichtshof geltend gemacht[70]. Es

---

[66] Dieser Unterscheidung entspricht die Einteilung in rechtliche und sachliche Prüfung, s. unten, VI, 1, a.

[67] *v. Frisch* (a.a.O., S. 148) hält diese Einteilung für allein sinnvoll; *Richard Passow* (Das Wesen der Ministerverantwortlichkeit in Deutschland, Tübingen 1904, S. 3) dagegen will nur die zuerst aufgeführte Unterscheidung nach der Art des Delikts gelten lassen. Nach der hier vertretenen Ansicht haben beide Unterscheidungsmerkmale je nach der Fragestellung ihre Berechtigung.

[68] Meist indem sie die beiden Einteilungskriterien durcheinanderwerfen, so z. B. *Passow*, a.a.O., S. 3 ff.; *Pistorius*, a.a.O., S. 3.

[69] Diktaturen pflegen besonders viele Arten von Verantwortlichkeit zu erfinden, um damit das Fehlen jeder echten Verantwortlichkeit zu verschleiern. Als Beispiel mag die Gegenzeichnungsideologie des Dritten Reiches dienen, s. unten II, 2, e.

[70] Umgekehrt ist eine Ministeranklage nicht mehr sinnvoll, wenn man einen Minister durch Vertrauensentzug zum Rücktritt zwingen kann. Das zeigt die Geschichte des englischen Impeachment, s. oben II, 1, g.

ist jedoch nicht sinnvoll, die sachliche oder politische Verantwortlichkeit gerichtlich geltend zu machen, weil es keine objektiven Kriterien
darüber gibt, was in der Politik zweckmäßig ist. Der Staatsgerichtshof
würde dann politische Ermessensentscheidungen treffen, was nicht die
Aufgabe eines Gerichts sein kann[71].

c) Gegenzeichnung und Minister-
verantwortlichkeit im konstitutionellen Deutschland

aa) Die Gegenzeichnung als Garantie der Verfassung

Auch in Deutschland war die Gegenzeichnung bei ihrer Einführung
vor allem als Defensivwaffe gedacht, mit der das Parlament den
Monarchen zur Einhaltung der ihm meist mühsam abgerungenen Verfassung zwingen konnte. Der Schwerpunkt lag daher bei der rechtlichen Verantwortlichkeit, die das Parlament durch Ministeranklage
geltend machte. Sie wurde zuerst 1816 durch die §§ 5 V und 111 ff. des
Grundgesetzes von Sachsen-Weimar eingeführt. Die meisten deutschen
Staaten führten in der Folge ebenfalls die rechtliche Ministerverantwortlichkeit ein, wobei die einzelnen Vorschriften stark differieren[72].
Neben einigen Kleinstaaten kannten nur Preußen und das Reich keine
gerichtliche Ministerverantwortlichkeit, weil die Minister zwar in der
Verfassung als verantwortlich bezeichnet wurden, eine verfassungsmäßige oder gesetzliche Regelung der Ministeranklage jedoch unterblieb. Hier konnte nur die parlamentarische Ministerverantwortlichkeit geltend gemacht werden.

bb) Die gerichtliche Ministerverantwortlichkeit

Große Bedeutung hat die gerichtliche Ministerverantwortlichkeit im
konstitutionellen Deutschland nicht erlangt. In einigen Fällen wurden
Ministeranklagen vorbereitet, blieben aber in verschiedenen Stadien
der Beratung hängen[73]. Sieben Anklagen wurden insgesamt erhoben,

---

[71] *Karl Binding:* Die Gegenzeichnung und ihre Folgen, in: ders.: Zum
Leben und Werden der Staaten, München und Leipzig 1920, S. 376;
P. G. Hoffmann: Monarchisches Prinzip und Ministerverantwortlichkeit, Jena
1911, S. 71; *Georg Meyer:* Lehrbuch des deutschen Staatsrechtes, 4. Aufl.,
Leipzig 1895, S. 591 f.; *Mohl,* a.a.O., S. 150; *Passow,* a.a.O., S. 20 f.;
Pistorius, a.a.O., S. 169; a. A.: *Buddeus,* a.a.O., S. 20 f. (vgl. aber seine Beden-
ken: S. 21 Anm. 1); *v. Frisch,* a.a.O., S. 249 ff.

[72] Vgl. die historische Darstellung bei *v. Frisch,* a.a.O., S. 62—81, und die
Sammlung der Verfassungsartikel bei *Passow,* a.a.O., S. 41—44.

[73] Meist, weil die Verfassung zur Anklage den übereinstimmenden Beschluß beider Kammern verlangte und die andere, in der Regel die erste
Kammer auf Seiten des Ministers stand; so etwa 1831 in Nassau und 1865
im Großherzogtum Hessen.

die alle mit Freispruch endeten. Fünf davon richteten sich gegen den kurhessischen Innen- und Justizminister *Hassenpflug*, der sich alle möglichen Schikanen einfallen ließ, um die Ständeversammlung an der Ausübung ihrer verfassungsmäßigen Rechte zu hindern[74]. Er versuchte etwa, zu Abgeordneten gewählte Beamte an der Übernahme ihres Mandats zu hindern. Der bekannteste Fall ist der des Marburger Professors Sylvester *Jordan,* der sich im Einklang mit der bisherigen Übung auf den Standpunkt stellte, er brauche zur Übernahme des Mandats keine Zustimmung der Regierung, da diese für Beamten geltende Regelung auf Professoren nicht anwendbar sei. Außerdem versuchte Hassenpflug, die Institution des permanenten ständischen Ausschusses, der laut Verfassung die Rechte der Volksvertretung zwischen deren Auflösung und dem Zusammentritt nach der Neuwahl wahrnehmen sollte, dadurch illusorisch zu machen, daß er das Parlament so schnell auflösen ließ, daß dieses dem Ausschuß nicht mehr die vorgeschriebenen Instruktionen erteilen konnte. Hassenpflug weigerte sich dann, mit dem Ausschuß in Beziehungen zu treten, weil er ihm mangels Instruktion die Legitimation zum Handeln absprach. Die anderen Minister teilten diese eigenartige Rechtsauffassung übrigens nicht. Drei Ministeranklagen erfolgten 1833, eine 1835 und eine weitere während Hassenpflugs zweiter Amtszeit im Jahre 1851. Es mag offen bleiben, ob sämtliche Anklagepunkte begründet waren. In jedem Fall hat Hassenpflug mehrmals gegen die Verfassung verstoßen. Die freisprechenden Urteile waren daher starker Kritik ausgesetzt[75].

Die beiden übrigen Anklagen richteten sich gegen den kurhessischen Minister *Hanstein* und den württembergischen Außenminister *v. Wächter-Spittler*[76].

Ganz nutzlos waren die Bestimmungen über die Ministeranklage dennoch nicht: manchen Minister werden sie zur Einhaltung der Verfassung angehalten haben, was angesichts der rücksichtslosen Verfassungsbrüche, die sich einige Landesherren leisteten[77], durchaus von-

---

[74] Vgl. *Ernst Rudolf Huber:* Deutsche Verfassungsgeschichte seit 1789, Bd. II, Stuttgart 1960, S. 70—76, 908—933; Allgemeine Deutsche Biographie, 11. Bd., S. 1—9. Positiver ist die Darstellung von *Mohl*, a.a.O., S. 714—723. Der Verfasser war Hassenpflugs Verteidiger vor dem Staatsgerichtshof.

[75] *Ernst Rudolf Huber*, a.a.O., S. 73.

[76] Dieser hatte 1849 und 1850 zwei Verträge ohne Zustimmung der Kammer unterzeichnet. Ob die Klage begründet war, hing davon ab, ob man den Fortbestand des Deutschen Bundes annahm oder nicht. Jedenfalls ist ein vorsätzlicher Verfassungsbruch des Ministers nicht nachweisbar. Für einen Freispruch bestanden gute Gründe. Vgl. dazu: Allgemeine Deutsche Biographie, 40. Bd., S. 441; *v. Frisch*, a.a.O., S. 67.

[77] Der braunschweigische Verfassungskonflikt zeigt, welche Rechts- und Verfassungsbrüche sich ein Landesherr zuschulden kommen lassen konnte. Ausnahmsweise endete dieser Verfassungskonflikt mit der Vertreibung des

nöten war. Im übrigen konnte ein Minister auch ohne Verurteilung
stürzen. 1831 betrieb die bayerische Kammer — offensichtlich in Nach-
ahmung der Prozesse gegen das Ministerium Polignac in Frankreich —
eine Ministeranklage gegen den Innenminister *v. Schenk*[78]. Die bayerische Regierung wollte die verhältnismäßig milde Zensurpraxis, die nur
außenpolitische Artikel erfaßte, durch die Preßverordnung vom 28. Januar 1831 beenden. Nach ihr wurden auch innenpolitische Artikel der
Vorzensur unterworfen. Zwar fand sich keine Mehrheit für die Ministeranklage in der Kammer[79], aber diese forderte den König am 16. Mai
1831 auf, ihre Beschwerden unverzüglich zu berücksichtigen. Der König
entließ am 26. Mai 1831 den Innenminister, der einen hohen Beamten-
posten erhielt, legte der Kammer am 3. Juni 1831 den Entwurf eines
neuen gemäßigten Preßgesetzes vor und hob zehn Tage später als Vor-
leistung die angegriffene Preßverordnung auf.

Das englische Unterhaus hätte in dieser Situation sicher versucht, aus
dem Fall v. Schenk einen Präzedenzfall zu machen. Es hätte etwa den
neuen Minister darauf hingewiesen, daß er mit der Kammer zusam-
menarbeiten möge, wenn er nicht das Schicksal seines Vorgängers er-
leiden wolle. So hätte man die Minister langsam immer mehr vom
Vertrauen des Parlaments abhängig gemacht. Da Zusammenarbeit
aber gegenseitige Rücksichtnahme erfordert, hätte ein kluges Parlament den neuen Gesetzentwurf gebilligt, weil er seinen Forderungen
weitgehend entsprach.

Die bayerische Zweite Kammer aber tat alles, um den gewonnenen
Vorteil wieder zu verspielen: sie erklärte starrsinnig jede Pressezensur
für verfassungswidrig, was rechtlich unhaltbar war. Dadurch zeigte sie
der Regierung, daß eine Zusammenarbeit nicht möglich war. Diese
mußte ihren Rückhalt also weiter am Hof und in der Ersten Kammer
suchen. Außerdem bekamen durch die Intransigenz der Liberalen die
Konservativen wieder Oberwasser und der König konnte schon bald
zur antiparlamentarischen Politik zurückkehren. Dieser Fall ist ein
Beispiel dafür, daß die Parlamente im 19. Jahrhundert in Deutschland
die Regierung zwar in der Regel zur Einhaltung der Verfassung zwingen konnten, jedoch die sich bietenden Möglichkeiten verpaßten, eine
Entwicklung zum parlamentarischen System hin in Gang zu bringen.

Herzogs im Jahre 1830, weil dieser den Fehler gemacht hatte, sich auch
noch außenpolitisch zu isolieren. Vgl. dazu: *Ernst Rudolf Huber*, a.a.O.,
S. 47—60.

[78] Vgl. *Ernst Rudolf Huber*, a.a.O., S. 32—34.

[79] Diese wäre auch offensichtlich unbegründet gewesen; denn die Preßverordnung war zweifellos verfassungsmäßig; vgl. *Ernst Rudolf Huber*,
a.a.O., S. 33.

cc) Die parlamentarische Ministerverantwortlichkeit

Mit der Festigung der Stellung der Volksvertretung wurden Verfassungsverletzungen der Regierung immer seltener. Damit nahm auch die Bedeutung der für ihre Ahndung vorgesehenen Ministeranklage ab. Der Schwerpunkt verschob sich immer mehr zur parlamentarischen Ministerverantwortlichkeit. Als Mittel stand zunächst die Interpellation zur Verfügung. Das ist das Recht, einen Minister zur Beantwortung von Fragen herbeizuzitieren. Daran kann sich eine Debatte und ein Beschluß des Parlaments anschließen, der möglicherweise das Verhalten des Ministers oder der ganzen Regierung mißbilligt. Im konstitutionellen System hat dieser Schritt keine Folgen. Er mag zum Sturz eines Ministers beitragen oder ihn zum Rücktritt veranlassen, aber die Regel ist das nicht.

dd) Die Ministerverantwortlichkeit im Kaiserreich

Im deutschen Kaiserreich gab es nach der offiziellen Bezeichnung keine Minister. Die Leiter der Reichsämter waren Staatssekretäre, die dem Reichskanzler unterstellt waren. *Bismarck* hatte sich bei den Verfassungsberatungen gegen die Schaffung von Ministern gesträubt[80], weil er an die Organisation der Regierung dachte, wie sie in Preußen bestand. Dort war der Ministerpräsident nur primus inter pares[81] und es konnte durchaus vorkommen, daß er im Kabinett überstimmt wurde[82].

Nach Art. 17 RV 71 war der Reichskanzler der einzige verantwortliche Reichsminister mit dem Recht zur Gegenzeichnung. Da sich Art. 15 II RV 71 nur auf den Bundesratsvorsitz bezieht, war auch keine Stell-

---

[80] *Ernst Rudolf Huber:* Deutsche Verfassungsgeschichte seit 1789, Bd. III, München 1963, S. 659.

[81] *Ernst Rudolf Huber,* a.a.O., S. 64.

[82] Die Reichskanzler gingen daher dazu über, die Leiter von Reichsämtern zu preußischen Ministern ernennen zu lassen, um sich einen Rückhalt gegenüber den preußischen Partikularinteressen zu schaffen. Diese „Staatssekretarisierung Preußens" ging zeitweise soweit, daß mehr als die Hälfte der preußischen Minister Reichsstaatssekretäre waren. Diese waren im Reich Untergebene, in Preußen dagegen gleichberechtigte Kollegen des Reichskanzlers und preußischen Ministerpräsidenten, was verfassungsrechtlich nicht unproblematisch war; vgl. dazu *Ernst Rudolf Huber,* a.a.O., S. 827 f.; *Eduard Rosenthal:* Die Reichsregierung, in: Festgabe für August Thon, Jena 1911, S. 392.
Außerdem wurden die Reichsstaatssekretäre zu preußischen Bundesratsbevollmächtigten ernannt, um die Politik des Reichskanzlers gegenüber den Ländern vertreten zu können. Nur in ihrer Eigenschaft als Bundesratsmitglieder durften sie im Reichstag erscheinen; vgl. dazu *Rosenthal,* a.a.O., S. 389.

vertretung bei der Gegenzeichnung zulässig, kam aber dennoch vor[83]. Erst das Reichsgesetz über die Stellvertretung des Reichskanzlers v. 17. März 1878[84] ließ im Falle der Behinderung die Ernennung von Stellvertretern zu. Der Fall der „Behinderung" war dadurch permanent gegeben, daß ein einzelner Mensch nicht in der Lage sein konnte, sämtliche Reichsämter verantwortlich zu leiten[85], zumal er gleichzeitig preußischer Außenminister[86] und fast immer auch preußischer Ministerpräsident[87] war. Das Stellvertretungsgesetz schuf neben einem Generalstellvertreter[88] sogenannte Spezialstellvertreter, die den Reichskanzler in bestimmten Ressorts permanent bei der Gegenzeichnung vertraten und für die gegengezeichneten Akte auch selbst verantwortlich waren. Da immer nur die Chefs der dem Reichskanzler untergeordneten Behörden zu Spezialstellvertretern ernannt wurden, wurden diese praktisch zu Ministern, obwohl sie weiterhin den Titel „Staatssekretär" führten. Der Reichskanzler hatte jedoch das Recht, jederzeit die Gegenzeichnung an sich zu ziehen, und zwar nicht etwa nur in Richtlinienangelegenheiten. Deshalb traf ihn neben dem Unterzeichner eine gewisse Verantwortlichkeit; denn man konnte ihm ja vorwerfen, daß er die Angelegenheit nicht selbst entschieden hatte[89].

Weder der Reichskanzler noch seine „Reichsminister" waren vom Vertrauen des Reiches abhängig. *Bethmann Hollweg* war der erste Reichskanzler, der zurücktrat, weil er das Vertrauen des Parlaments verloren hatte[90]. Auf die Auswahl seines Nachfolgers *Michaelis* hatte

---

[83] Zuerst beim Allerhöchsten Erlaß v. 3. November 1870, BGBl. 1870, S. 515; vgl. *Rosenthal*, a.a.O., S. 367.

[84] RGBl. 1878, S. 7; Abgedruckt bei: *Ernst Rudolf Huber* (Hrsg.): Dokumente zur Deutschen Verfassungsgeschichte, Bd. 2, Stuttgart 1964, S. 313 f.

[85] *Hugo Preuss:* Die organische Bedeutung der Art. 15 und 17 der Reichsverfassung, in: Zeitschrift für die gesamte Staatswissenschaft, 45. Band, Tübingen 1889, S. 443; *Rosenthal*, a.a.O., S. 376.

[86] Dieser hatte die Verfügungsmacht über die preußischen Bundesratsstimmen. Da die Reichsstaatssekretäre zu preußischen Bundestagsbevollmächtigten ernannt wären, wären sie sonst in dieser Eigenschaft Untergebene eines preußischen Ministers gewesen.

[87] Nur 1873 und 1892—1894 waren beide Ämter getrennt, was zu schweren Konflikten führte. Als Prinz Max von Baden Reichskanzler war, war das Amt des preußischen Ministerpräsidenten vakant. Vgl. *Ernst Rudolf Huber*, Verfassungsgeschichte, Bd. III, S. 826 f.

[88] In der Regel wurde der Staatssekretär des Innern zum Generalstellvertreter ernannt. Er wurde im Amtsbrauch auch als Vizekanzler bezeichnet, obwohl dieser Titel gesetzlich nicht vorgesehen war, vgl. *Ernst Rudolf Huber*, a.a.O., S. 824.

[89] *Paul Laband:* Deutsches Reichsstaatsrecht, Tübingen 1907, S. 85 Anm. 1.

[90] In den Ländern gibt es jedoch schon früher Beispiele, daß Minister auf Betreiben des Parlaments entlassen wurden: In Baden wurde 1843 das Ministerium *Plittersdorf* kurze Zeit nach einem Mißbilligungsvotum der Kammer entlassen (vgl. *Ernst Rudolf Huber*, Verfassungsgeschichte, Bd. II,

der Reichstag noch keinen Einfluß. Erst mit *Graf Hertling* wurde ein Reichskanzler ernannt, der dem Reichstag genehm war. Damit war in der Verfassungswirklichkeit der Übergang zum parlamentarischen Regierungssystem vollzogen.

ee) Keine Entwicklung zur parlamentarischen Monarchie

Warum hat sich nicht in Deutschland wie in England und den nordeuropäischen Ländern aus der konstitutionellen Zwischenstufe die parlamentarische Monarchie entwickelt? Die Gegenzeichnung wäre geeignet gewesen, diese Entwicklung in Gang zu setzen; denn sie befreite den Minister aus der einseitigen Abhängigkeit vom Monarchen, indem sie ihm die rechtliche und sachliche Verantwortlichkeit für die Regierungshandlungen gegenüber dem Parlament übertrug. Mit Hinweis auf diese Verantwortlichkeit konnte ein Minister die Gegenzeichnung verweigern. Ein starkes, kooperationsbereites Parlament hätte dafür sorgen können, daß der Minister vom Fürstendiener zuerst zum Diener zweier Herren[91] und schließlich zum Exponenten der Volksvertretung geworden wäre.

Das am weitesten gehende Angebot zur Zusammenarbeit hat den liberalen Parteien ausgerechnet *Bismarck* gemacht[92]. Wenige Tage nach seiner Ernennung zum preußischen Ministerpräsidenten im September 1862 versuchte er, den Verfassungskonflikt dadurch abzuwenden, daß er drei führenden liberalen Abgeordneten, nämlich *Vincke*, *Simson* und *Sybel*, Ministersitze anbot. Es wäre diesen nicht leicht gefallen, ihre Parteien zur Billigung der Politik Bismarcks zu bewegen. Deshalb ist ihre Ablehnung verständlich. Andererseits hätte das Nachgeben im Streit um Heeresreform und Dienstzeit den Liberalen einen erheblichen Einfluß auf die Politik der Regierung gebracht. Bismarck kann sein Angebot auch nicht mit dem Hintergedanken gemacht haben, die liberalen Minister nach Annahme des Heeresetats wieder auszubooten; denn dieser mußte jedes Jahr neu bewilligt werden. Es war wohl keinem der Beteiligten damals klar, daß Bismarcks Angebot den Liberalen die Mitarbeit an der Reichsgründung ermöglicht hätte. Wenn es angenommen worden wäre, wäre in Preußen der erste Schritt zum parlamentarischen System getan gewesen.

S. 442). Bismarck veranlaßte 1867 die Entlassung seines Justizministers *Graf zur Lippe*, nachdem das Abgeordnetenhaus diese Forderung erhoben hatte (vgl. *Ernst Rudolf Huber*, Verfassungsgeschichte, Bd. III, S. 374 f.). Auch der Fall *Schenk* (s. oben II, 2, c, bb) gehört in diese beispielhafte und keineswegs vollständige Aufzählung.

[91] *Wittmayer*, Die Weimarer Reichsverfassung, S. 335.

[92] Vgl. dazu: *Ernst Rudolf Huber*, Verfassungsgeschichte, Bd. III, S. 305 f.

Eine andere verpaßte Gelegenheit aus dem Jahr 1830 ist der Fall *v. Schenk* in Bayern[93]. Um die Jahrhundertwende war Bayern dem parlamentarischen System soweit nahegekommen, daß die Ministerpräsidenten *Lutz* (1890) und *v. Crailsheim* (1903) von der Landtagsmehrheit gestürzt werden konnten. Eigenartigerweise war es das keineswegs fortschrittliche Zentrum[94], das diese beiden gemäßigt liberalen Regierungen stürzte und dadurch Präzedenzfälle für ein parlamentarisches Regierungssystem schuf[95].

Es gibt mehrere Gründe, warum die Ansätze eines parlamentarischen Regierungssystems Einzelfälle blieben. Die liberalen Anhänger des parlamentarischen Systems hätten gewiß eine stärkere Stellung gehabt, wenn die Einigung Deutschlands unter ihrer Mitarbeit erreicht worden wäre.

Ein anderer Hemmungsfaktor war die Herkunft der Minister aus dem Beamtenstand[96]. Zwar gab es viele Minister, die dem Parlament angehörten, aber sie waren als Minister Parlamentarier geworden und nicht umgekehrt[97]. Die Minister fühlten sich wie Beamte als Diener ihres Fürsten und hielten die Ausführung seines Willens für ihre erste Amtspflicht[98]. Sie sahen in der Ministerverantwortlichkeit nicht eine Möglichkeit, vom Monarchen unabhängig zu werden, sondern ein lästiges Hindernis bei der Erfüllung ihrer so verstandenen Pflicht[99].

Die Parlamente taten ihrerseits alles, um den Ministern die Neuorientierung zu erschweren. Sie behandelten sie als Gegner und lehnten jede Zusammenarbeit ab[100]. Die Parteien gefielen sich in der Op-

---

[93] s. oben II, 2, c, bb.

[94] *Ludwig Thoma* hat in seinem Buch „Jozef Filsers Briefwexel" ein treffendes Bild dieser Partei und ihrer parlamentarischen Aktivitäten gezeichnet.

[95] Vgl. *Ernst Rudolf Huber*, Verfassungsgeschichte, Bd. IV, S. 391—394.

[96] *Rudolf Bensegger:* Die Entwicklung der deutschen Regierungen von Beginn des konstitutionellen Systems bis zur Gegenwart, Diss. Erlangen 1933, S. 18.

[97] Vgl. dazu für Preußen: *Ernst Rudolf Huber,* Verfassungsgeschichte, Bd. III, S. 305.

[98] *Leo Wittmayer:* Herrschaftliche und genossenschaftliche Elemente im deutschen und österreichischen Ministerialsystem, in: Schmollers Jahrbuch für Gesetzgebung, Verwaltung und Volkswirtschaft im Deutschen Reiche, 42. Jahrg., München und Leipzig 1918, S. 833 ff.

[99] *Bensegger,* a.a.O., S. 34; *Ossig,* a.a.O., S. 35.

[100] Die Sozialdemokraten faßten Parteitagsbeschlüsse, die Landesetats grundsätzlich abzulehnen. Die süddeutschen Sozialdemokraten wurden von der Gesamtpartei getadelt, weil sie sich nicht streng an diese Richtlinie hielten, vgl. *Ernst Rudolf Huber,* Verfassungsgeschichte, Bd. IV, S. 121 f., 395 f. Intransigenz gab es aber auch bei anderen Parteien. Ein Beispiel ist das Verhalten der bayerischen Kammer nach dem Sturz des Ministers *v. Schenk,* vgl. oben II, 2, c, bb.

position und scheuten sich, angebotene Mitverantwortung anzunehmen[101]. Wegen dieser schroffen Trennung zwischen Parlament und Regierung[102] mußten die Minister ihren Rückhalt beim Monarchen suchen. Dadurch wurden sie von ihm abhängig, weil er sie jederzeit entlassen konnte. Unbotmäßige Minister wurden einfach durch gefügige ersetzt[103]. Nur in seltenen Fällen hatte der Monarch Schwierigkeiten, einen neuen Minister zu finden, der bereit war, die geplanten Maßnahmen gegenzuzeichnen[104]. Wenige Minister waren in einer so starken Position wie *Bismarck*, daß sie mit ihrem Rücktritt drohen konnten[105], und selten war ein Monarch in einer so schwachen Position wie *Kaiser Wilhelm II.* während der Daily-Telegraph-Affäre (1908)[106], daß er sich die Entlassung eines Ministers nicht leisten konnte.

---

[101] Das gilt besonders für die Liberalen, die schon 1867 *Bismarcks* Angebot zum Eintritt in die Regierung ausgeschlagen hatten. Auch Bismarcks zweiter Versuch, nämlich die von ihm betriebene Ministerkandidatur des nationalliberalen Parteiführers Bennigsen im Jahre 1877, scheiterte an unerfüllbaren Bedingungen der Nationalliberalen, vgl. *Ernst Rudolf Huber*, Verfassungsgeschichte, Bd. IV, S. 142—144.

[102] *Bensegger*, a.a.O., S. 35, 64.

[103] *Kurfürst Friedrich Wilhelm von Hessen* (der Gönner des bereits erwähnten Ministers *Hassenpflug*, s. oben II, 2, c, bb) plante im November 1862 wieder einmal einen Verfassungsbruch und entließ das Ministerium *Dehn-Rotfelser*, das sich in den Kopf gesetzt hatte, verfassungsgemäß zu regieren. Ein in beleidigender Form zugestelltes Ultimatum *Bismarcks*, die sogenannte Feldjägernote (Text bei *Ernst Rudolf Huber* [Hrsg.]: Dokumente zur deutschen Verfassungsgeschichte, Bd. 2, Stuttgart 1964, S. 148 f.), traf offenbar den Ton, den der merkwürdige Landesherr verstand: nach 14 Tagen war das entlassene Ministerium wieder im Amt (s. *Ernst Rudolf Huber*, Verfassungsgeschichte, Bd. III, S. 448 f.).
Im Februar 1847 widersetzte sich das bayerische Ministerium *Abel* dem Wunsch *König Ludwigs I.*, der Tänzerin *Lola Montez* die bayerische Staatsangehörigkeit zu verleihen. Abel wurde entlassen und die neue Regierung *v. Maurer* zeichnete die Indigenatsurkunde gegen. Da v. Maurer aber gesellschaftlichen Verkehr mit Lola Montez ablehnte, die inzwischen den Titel einer Gräfin Landsfeld erhalten hatte, wurde er im November 1847 durch den *Fürsten Oettingen-Wallerstein* abgelöst („Ministerium der Lolamontanen"). Die Märzrevolution 1848 zwang Ludwig I. zur Abdankung und die Gräfin zur Flucht (vgl. *Ernst Rudolf Huber*, Verfassungsgeschichte, Bd. II, S. 438 f., 505 f.).

[104] *König Wilhelm I.* von Preußen plante im September 1862 die Abdankung, weil sein Kabinett nicht zum budgetlosen Regiment bereit war und er Schwierigkeiten sah, *fähige* Minister für diese Politik zu finden (*Ernst Rudolf Huber*, Verfassungsgeschichte, Bd. III, S. 298). Durch die Ernennung *Bismarcks* wurde die Abdankung vermieden (a.a.O., S. 302 f.).

[105] *Ernst Rudolf Huber*, Verfassungsgeschichte, Bd. III, S. 303.

[106] Reichskanzler *v. Bülow* hat den Text des umstrittenen Interviews zweimal vor der Veröffentlichung in Händen gehabt (*Ernst Rudolf Huber*, Verfassungsgeschichte, Bd. IV, S. 304 f.), aber keine Einwendungen erhoben. Er stellte die Sache wahrheitswidrig als Akt des „persönlichen Regiments" *Wilhelms II.* hin und leitete damit den Zorn von Volk und Parlament auf den Kaiser ab. Dieser konnte sich die Entlassung des Reichskanzlers unter den gegebenen Umständen nicht leisten (*Ernst Rudolf Huber*, a.a.O., S. 310).

Unter diesen Umständen drückten im konstitutionellen Deutschland die Regierungsakte ausschließlich den Willen des Monarchen aus. *Er handelte, nicht der Minister.*

d) Die Gegenzeichnung in der Weimarer Republik

Unter der Weimarer Reichsverfassung muß man die Regierungsakte als *gemeinsame Akte des Reichspräsidenten und des Ministers* bezeichnen[107]. Das kommt daher, daß man die Regierung zwar vom Vertrauen des Reichstags, über das freie Ernennungs- und Entlassungsrecht aber auch vom Reichspräsidenten abhängig machte. Es war schon nicht ganz einfach für einen Reichskanzler, eine regierungsfähige Mehrheit im Reichstag zu finden. Diese brauchte dann zu allem Überfluß noch die Billigung des Reichspräsidenten. Hätten die beiden Reichspräsidenten sich nicht ihren jeweiligen Regierungen gegenüber loyal verhalten[108] und auf die Durchsetzung ihrer eigenen politischen Ansichten weitgehend verzichtet, die Weimarer Republik wäre von einer Krise in die andere getaumelt[109].

Während das zur Zeit des Konstitutionalismus auf den jeweiligen Monarchen ankam, lag in der Weimarer Republik die *Initiative* zum Erlaß der Regierungsakte *bei der Regierung.* Der Reichspräsident gab dann sein Placet oder lehnte ab. Das Ablehnungsrecht folgt schon daraus, daß der Reichspräsident im Konfliktsfall die ganze Regierung entlassen konnte. Mit dieser Drohung hätte er sogar selbst die Initiative ergreifen und die Gegenzeichnung eines Regierungsakts durch die Regierung verlangen können. Unterzeichnung und Gegenzeichnung waren in der Weimarer Republik *von gleichem politischen Gewicht,* weil Reichspräsident und Reichsregierung ein Veto einlegen konnten, wenn der Regierungsakt ihren politischen Vorstellungen widersprach.

Vom Standpunkt der politischen Interpretation der Gegenzeichnung steht das Weimarer System in der Mitte zwischen dem konstitutionellen und dem parlamentarischen System. Die Waage, die sich vorher zur Seite des Staatsoberhaupts neigte, steht hier im Gleichgewicht, um später im reinen parlamentarischen System die Regierung als den

---

Als Bülow im nächsten Jahr mit einer Finanzvorlage im Reichstag in der Minderheit blieb, konnte der Kaiser ihn entlassen, ohne Kritik fürchten zu müssen (*Ernst Rudolf Huber,* a.a.O., S. 318). s. auch unten VII, 1.

[107] *Hans Kelsen:* Allgemeine Staatslehre, Berlin 1925, S. 281.

[108] Das gilt auch für *Hindenburg* bis zur Entlassung *Brünings.*

[109] Die weniger zurückhaltende Amtsführung der Präsidenten hat einen wesentlichen Beitrag zum Untergang der nach Weimarer Muster konstruierten 2. spanischen Republik geleistet; vgl. *Karl Loewenstein:* Der Staatspräsident, in: AÖR 75, S. 187.

politisch bedeutenderen Teil anzuzeigen. Doch bevor es dazu kam, wurde die demokratische Entwicklung durch das nationalsozialistische Herrschaftssystem unterbrochen, das wie jedes System die ihm gemäße Ausgestaltung der Gegenzeichnung hervorbrachte.

e) Die Gegenzeichnung im nationalsozialistischen Staat

Außer der äußeren Form blieb im Dritten Reich nichts erhalten, was wir bei unserem Gang durch die Geschichte als wesentliche Merkmale der Gegenzeichnung kennengelernt haben. Statt „Gegenzeichnung" hieß es „Mitzeichnung", was der veränderten Realität durchaus entsprach. Heute wird diese Bezeichnung noch bei einer Mitunterzeichnung gebraucht, durch die keine Verantwortung übernommen werden soll[110]. Eine verfassungsmäßige Verantwortung übernahm der Mitzeichner nicht, er war nach herrschender Lehre nur dem Führer verantwortlich, evtl. daneben noch gegenüber dem Volk und der Geschichte[111]. Verantwortlich blieb der Führer selbst, und zwar gegenüber Gott, der Welt, der Geschichte und dem Volk[112]. Diese wohlklingenden Unterarten der Verantwortlichkeit haben eines gemeinsam: sie sind nicht realisierbar.

So war die Verbindung zwischen Gegenzeichnung und Verantwortlichkeit aufgehoben. Auch war die Mitzeichnung nicht obligatorisch oder gar Gültigkeitsvoraussetzung. Ohne ersichtlichen Grund unterblieb sie in einer Reihe von Fällen[113]. Der Kreis der zur Mitzeichnung Berechtigten war nicht auf die Minister beschränkt, wobei im einzelnen unklar blieb, wer mitzeichnen durfte und wer nicht[114].

Die Mitzeichnung läßt sich allenfalls mit der Gegenzeichnung im absoluten Staat vergleichen[115]. Sie ist ein *Rückfall in die Vorgeschichte der Gegenzeichnung.*

---

[110] Vgl. z. B. Art. 6 Erlaß über die Neufassung des „Verdienstordens der Bundesrepublik Deutschland" v. 8. Dezember 1955 (BGBl. I, S. 749).

[111] *Werner Weber:* Kontrasignatur und Mitzeichnung bei Akten des Staatsoberhaupts, in: Jahrbuch der Akademie für Deutsches Recht, 4. Jahrg., Herausgegeben von Hans Frank, München, Berlin, Leipzig 1937, S. 195 f.

[112] *Carl-Gottfried Tischner:* Verantwortlichkeit und Gegenzeichnung bei Hoheitsakten des Staatsoberhaupts, Diss. Marburg 1938, S. 32, 47 f.

[113] *Werner Weber* (a.a.O., S. 188, 196 ff.) unternimmt einen wenig überzeugenden Versuch, das Fehlen der Mitzeichnung in den entsprechenden Fällen zu begründen. Tatsächlich ergingen jedoch gleichartige Anordnungen einmal mit und einmal ohne Mitzeichnung, wie *Jaeger* (Diss. München 1948, S. 85 ff.) überzeugend nachgewiesen hat.

[114] *Jaeger*, Diss. München 1948, S. 126.

[115] *Werner Weber*, a.a.O., S. 192.

Die Gegenzeichnung wurde im Dritten Reich beibehalten, weil in den ersten Jahren der Unterschrift eines anerkannten Fachmanns neben der des Führers ein gewisser propagandistischer Effekt zukam. Außerdem wies sie den an erster Stelle Mitzeichnenden gegenüber nachgeordneten Behörden als für die Ausführung zuständig aus[116]. Da das Nebeneinander von Parteiorganisation und staatlicher Verwaltung die Zuständigkeiten sehr unübersichtlich machte, dürfte das eine wertvolle Orientierung gewesen sein.

---

[116] *Jaeger*, Diss. München 1948, S. 113.

4 Biehl

III. Die Rechtsfolgen der Gegenzeichnung

1. Für den Regierungsakt

Laut Art. 58 GG bedürfen Anordnungen und Verfügungen des Bundespräsidenten *zu ihrer Gültigkeit* der Gegenzeichnung durch ein Regierungsmitglied. Ein ohne Gegenzeichnung ergangener Regierungsakt ist also ungültig. Es ist zu klären, was darunter zu verstehen ist.

Bei der Einführung der Gegenzeichnung sollte der Monarch durch die nicht näher präzisierte Drohung der Ungültigkeit nicht gegengezeichneter Regierungsakte zur Einhaltung der Gegenzeichnungsvorschrift angehalten werden. Dennoch ergingen — besonders auf militärischem Gebiet — laufend Regierungsakte ohne Gegenzeichnung[1]. Wer eine Ausnahme von der Gegenzeichnungspflicht für diese Akte ablehnte, mußte sie als ungültig bezeichnen und untersuchen, welche rechtlichen Folgerungen zu ziehen sind[2]. Die damals ziemlich intensiv geführte Debatte wurde nach dem Untergang des Kaiserreichs nicht mehr weiter verfolgt, weil unter der Weimarer Reichsverfassung keine Regierungsakte mehr ohne Gegenzeichnung ergingen[3]. Die im Grundgesetz vorgesehenen Ausnahmen von der Gegenzeichnungspflicht[4] sind mit der Kommandogewalt des Monarchen nicht vergleichbar.

Der Bundespräsident hat wenig Möglichkeiten, einen Regierungsakt ohne Gegenzeichnung zu erlassen; denn in der Regel liegt die Vorbereitung und Durchführung der Maßnahme bei der Bundesregierung[5]. Zwar obliegt der formelle Erlaß des Regierungsakts dem Bundespräsidenten, aber zur Entscheidung über den Inhalt ist nicht er, sondern die Bundesregierung zuständig[6]. Zieht dieser die Entscheidung an

---

[1] s. oben II, 2, b, aa.

[2] Das ist das Thema der ausführlichen Untersuchung: *Fritz Frhr. Marschall v. Bieberstein:* Verantwortlichkeit und Gegenzeichnung bei Anordnungen des Obersten Kriegsherrn, Berlin 1911.

[3] Um jeden Zweifel auszuschließen, ordnete Art. 50 WRV die Gegenzeichnung ausdrücklich auch für Anordnungen und Verfügungen auf dem Gebiet der Wehrmacht an.

[4] Vgl. unten IX.

[5] Vgl. unten V. Ausnahme ist nur die Ordensverleihung und die Genehmigung zur Annahme ausländischer Orden, vgl. V, 3, b.

[6] Sie ist der materielle Aktautor, vgl. unten VI, 4.

sich und holt nicht einmal die Billigung der Bundesregierung ein, dann liegt ein Zuständigkeitsmangel vor. Von außen erkennbar ist nur ein Formmangel, nämlich das Fehlen der Unterschrift des Ministers, der die Entscheidung zu treffen und zu verantworten hat.

Die Durchführung eines Regierungsakts obliegt meist dem Ministerium, dessen Chef zur Gegenzeichnung zuständig wäre. Wäre der Regierungsakt nur fehlerhaft, dann müßte das Ministerium ihn durchführen, bis der Minister über ein Organverfahren nach Art. 93 I Nr. 1 GG die Aufhebung erreicht hat. Das ist unzumutbar. Ein ohne Gegenzeichnung erlassener Regierungsakt ist daher nicht nur fehlerhaft, er ist nichtig. Er darf nicht vollzogen werden.

Natürlich hat dieser nichtige Regierungsakt Rechtsfolgen, wenn auch nicht die, die er herbeiführen sollte. Sein Erlaß stellt einen Verstoß gegen Art. 58 GG dar, der bei Vorsatz zur Präsidentenanklage nach Art. 61 GG führen kann. Bundesregierung[7] und Bundestag[8] können auch in Organverfahren nach Art. 93 I Nr. 1 GG gegen den Bundespräsidenten vorgehen. Der Bundestag kann zwar den Bundespräsidenten nicht direkt politisch verantwortlich machen, aber durch eine Anfrage an die Bundesregierung indirekt Kritik am Staatsoberhaupt üben.

Anders ist die Rechtslage, wenn der Bundespräsident entgegen der normalen Übung einen Regierungsakt vorbereiten und unterzeichnen sollte, um ihn nach etwaiger Gegenzeichnung zu erlassen. Dieses unfertige Dokument ist kein Regierungsakt und erhebt auch keinen Anspruch darauf, einer zu sein. Es treten keinerlei Rechtsfolgen ein. Dabei darf nicht vergessen werden, daß es sich hier um einen völlig anormalen und konstruierten Fall handelt; denn die Gegenzeichnung geht regelmäßig der Unterzeichnung durch den Bundespräsidenten voraus, was auch in § 29 II GOBReg zum Ausdruck kommt[9].

2. Für den Bundespräsidenten

Fast alle älteren Verfassungen betonen, daß durch die Gegenzeichnung die Verantwortung vom Staatsoberhaupt auf das Regierungs-

---

[7] Als Gesamtorgan, nicht als Kollegialorgan verstanden, vgl. oben I, 1.

[8] Sein Recht auf Kontrolle der Regierungsakte ist verletzt, weil er ohne Gegenzeichnung niemandem gegenüber eine politische Verantwortlichkeit geltend machen kann.

[9] Daher ist die These *Pöttgens*, a.a.O., S. 39 f., daß eine Anordnung des Bundespräsidenten bereits mit ihrem Erlaß wirksam, aber erst nach Gegenzeichnung vollziehbar sei, ohne praktische Konsequenzen.

mitglied übertragen wird[10]. Der Parlamentarische Rat hielt das für selbstverständlich und erwähnte es in Art. 58 GG nicht mehr.

Es ist jedoch nicht korrekt, von einer Verantwortungs ü b e r n a h m e zu sprechen[11]. Da die Gegenzeichnung vor der Unterzeichnung durch den Bundespräsidenten erfolgt, wird die Verantwortung vor ihrem Entstehen „übernommen". In Wirklichkeit *entsteht* sie mit der Gegenzeichnung. Der Bundespräsident ist daher nicht einmal zeitweise politisch verantwortlich. Eine politische Verantwortlichkeit des Bundespräsidenten kann in keinem Fall geltend gemacht werden[12].

Die rechtliche Verantwortung wird dem Bundespräsidenten durch die Gegenzeichnung nicht abgenommen[13]. Er kann über die Organklage (Art. 93 I Nr. 1 GG) und bei Vorsatz auch nach Art. 61 GG (Präsidentenanklage) belangt werden. Diese Klagemöglichkeiten stehen auch dann offen, wenn der Bundespräsident unter Gegenzeichnung der Bundesregierung gehandelt hat[14].

3. Für die Bundesregierung

Die Gegenzeichnung *erzeugt* nicht die Verantwortlichkeit der Bundesregierung, die *bezeugt* sie nur[15]. Die Billigung des präsidialen Wil-

---

[10] Vgl. z. B. § 74 Paulskirchen-Verfassung, Art. 44 PrVU, Art. 50 WRV. Weitere Bestimmungen bei *Passow*, a.a.O., S. 42—44.

[11] *Hermann v. Mangoldt* und *Friedrich Klein:* Das Bonner Grundgesetz, 2. Aufl., Bd. II, Berlin und Frankfurt 1964, S. 1121.

[12] Der Bundespräsident ist parlamentarisch nicht verantwortlich, und die gerichtliche Verantwortlichkeit gemäß Art. 61 und 93 I Nr. 1 GG bezieht sich nur auf die Rechtmäßigkeit, nicht auf die Zweckmäßigkeit seiner Amtsführung.

[13] Unrichtig *Rolf Acker:* Die staatsrechtliche Stellung des Präsidenten der Bundesrepublik Deutschland unter besonderer Berücksichtigung seiner Beziehungen zum Reichspräsidenten der Weimarer Republik, Diss. München 1950, S. 50 und *Friedrich-Wilhelm Janssen:* Der Bundespräsident — Seine Rechte und Pflichten — nach dem Bonner Grundgesetz v. 23. Mai 1949, Diss. Köln 1951, S. 55, die eine Übernahme der *rechtlichen* Verantwortlichkeit durch die Bundesregierung annehmen.

[14] Der Bundesrat strengte gegen Bundespräsident *Heuss* ein Organverfahren (Art. 93 I Nr. 1 GG) wegen der unter Gegenzeichnung erfolgten Unterzeichnung des Gesetzes zur Errichtung der Stiftung „Preußischer Kulturbesitz" an. Die Klage erledigte sich, nachdem das Bundesverfassungsgericht am 14. 7. 1959 (BVerfGE 10, S. 20 ff.) in einem von drei Landesregierungen beantragten abstrakten Normenkontrollverfahren die Verfassungsmäßigkeit des Gesetzes festgestellt hatte, vgl. *Winkler*, a.a.O., S. 30. Eine Präsidentenanklage wurde in diesem Zusammenhang jedoch nicht erhoben. Winkler (a.a.O., S. 17) nimmt das an, offenbar weil ihm der Unterschied zwischen Organverfahren (Art. 93 I Nr. 1 GG) und Präsidentenanklage (Art. 61 GG) nicht geläufig ist.

[15] Diese Meinung hat sich bereits vor dem 1. Weltkrieg durchgesetzt, vgl. *v. Frisch*, a.a.O., S. 197 f.; *Samuely*, a.a.O., S. 59 ff.; für das Grundgesetz vgl. *v. Mangoldt - Klein*, a.a.O., S. 1120 m. Nachw.

lens begründet die Verantwortung[16]. Ob der Begriff „Billigung" besser durch „Zustimmung" zu ersetzen wäre[17], weil es nicht auf die überzeugungsmäßige Übereinstimmung, sondern auf das nach außen erkennbare Einverständnis, das auch aus Zweckmäßigkeitsgründen erklärt werden kann, ankommt, mag dahingestellt bleiben. Beide Begriffe setzen sämtlich voraus, daß der Regierungsakt dem politischen Willen des Bundespräsidenten entspringt. Das trifft zwar in einigen Fällen zu[18]. In der Regel wird ein Regierungsakt aber von der Bundesregierung vorbereitet[19] und dann vom Bundespräsidenten unverändert vollzogen. Die Bundesregierung tritt nicht einem fremden Willen bei, sondern führt ihren eigenen durch. *Sie billigt nicht, sie handelt.*

Weil die Gegenzeichnung die Verantwortlichkeit nur bezeugt, ist der gegenzeichnende Minister zwar in jedem Fall verantwortlich, aber nicht er allein. Haben andere Minister in gleicher Weise mitgewirkt, dann sind auch sie verantwortlich, unabhängig davon, ob sie gegengezeichnet haben oder nicht. Zuerst ist immer der zuständige Minister verantwortlich[20]; denn in seinem Ministerium wurde der Regierungsakt vorbereitet. Wer zuständig ist, ist ein Internum der Bundesregierung. Wenn der Bundestag mit der Entscheidung der Bundesregierung unzufrieden ist[21], kann er selbst bestimmen, welchen Minister er verantwortlich machen will[22].

Die Bundesregierung ist rechtlich und politisch, also für die Recht- und Zweckmäßigkeit der Regierungsakte verantwortlich. Die politische Verantwortung trägt sie allein, die rechtliche neben dem Bundespräsidenten[23].

---

[16] *v. Mangoldt*, Grundgesetz, S. 313 f.; *v. Mangoldt - Klein*, a.a.O., S. 1120 f.

[17] Diese These vertritt Servatius, a.a.O., S. 36.

[18] s. unten V, 3, b.

[19] s. unten V, 3, a.

[20] Selbst dann, wenn für ihn ein Kollege in Vertretung gegengezeichnet hat, vgl. unten VIII, 2.

[21] Weil etwa die Bundesregierung eine Anfrage durch einen anderen Minister beantworten läßt als den, der den Regierungsakt vorbereitete.

[22] Der Minister kann sich in der Debatte zwar als nichtverantwortlich bezeichnen, aber er hat kein Rechtsmittel, falls ihn der Bundestag das nicht anerkennt. Es ist durchaus denkbar, daß ein Minister für eine Richtlinienentscheidung des Bundeskanzlers oder dieser für das Versagen eines Ministers zur Rechenschaft gezogen wird.

[23] Die rechtliche Ministerverantwortlichkeit wird in der Literatur häufig übersehen, weil parlamentarische Verantwortlichkeit fälschlich mit politischer gleichgesetzt wird; so etwa von: *v. Mangoldt - Klein*, a.a.O., S. 1121. Soweit ersichtlich wird jedoch nirgends die These vertreten, der Bundestag dürfe einem Minister zwar die Unzweckmäßigkeit, nicht aber die Unrechtmäßigkeit eines Regierungsakts vorwerfen. Zur Abgrenzung von politischer, rechtlicher, parlamentarischer und gerichtlicher Verantwortlichkeit, vgl. oben II, 2, b, cc.

Rechtliche und politische Ministerverantwortlichkeit können nur parlamentarisch geltend gemacht werden. Eine gerichtliche Ministerverantwortlichkeit (Ministeranklage) kennt das Grundgesetz nicht. Wie die Erfahrungen mit dem englischen Impeachment zeigen[24], sind Ministeranklagen nur solange sinnvoll, wie das Parlament die Regierung nicht durch Vertrauensentzug stürzen kann.

Jeder Minister kann parlamentarisch zur Verantwortung gezogen werden. Wenn bisweilen behauptet wird, nur der Bundeskanzler sei parlamentarisch verantwortlich[25], dann ist das eine Verwechslung von Verantwortlichkeit und Vertrauenserfordernis. Ein Minister kann zwar nicht durch ein Mißtrauensvotum gestürzt werden, der Bundestag kann ihn aber zur Verantwortung ziehen durch Einsetzung eines Untersuchungsausschusses, Anwesenheitsverlangen gemäß Art. 43 I GG, Interpellation, Mißbilligungsvotum[26], Kürzung bzw. Streichung des Ministergehalts bei den Etatberatungen[27] und (unverbindliches) Ersuchen

---

[24] s. oben II, 1, g.

[25] Neuerdings wieder von *Franz Klein*, in: *Bruno Schmidt-Bleibtreu* und *Franz Klein: Kommentar zum Grundgesetz für die Bundesrepublik Deutschland*, Neuwied und Berlin 1967, S. 317 (Art. 65 Rdn. 8). Weitere Nachweise bei *Rudolf Lutz: Die Geschäftsregierung nach dem Grundgesetz*, Berlin 1969, S. 46 Anm. 55.

[26] Das Mißbilligungsvotum hat sich aus dem Interpellationsrecht entwickelt (*U. M.: Mißbilligungsvoten gegen Bundesminister*, in: AÖR 76, S. 340 f.). Seit 1912 gab die Geschäftsordnung dem Reichstag das Recht, durch Beschluß zur Antwort des Reichskanzlers auf die Interpellation Stellung zu nehmen.
Im Dezember 1913 erging ein Mißbilligungsbeschluß gegen *Bethmann Hollweg* anläßlich der parlamentarischen Behandlung der Zabern-Affäre (vgl. *Ernst Rudolf Huber*, Verfassungsgeschichte, Bd. IV, S. 588—590), den der Reichskanzler als „sogenanntes Mißbilligungsvotum" ironisierte. Als konstitutioneller Kanzler trat er nicht zurück, als parlamentarischer hätte er es tun müssen.
Ein Beispiel für einen Mißbilligungsantrag ist: „Der Bundestag möge beschließen: Der Bundestag mißbilligt, daß sich der Bundesjustizminister herabsetzend über das Bundesverfassungsgericht geäußert hat." (vgl. Deutscher Bundestag, 1. Wahlperiode, Sten.Ber. der 270. Sitzung v. 11. Juni 1953, S. 13331 C—13340 B, Drucks. 4360). Bundesjustizminister *Dehler* war im 1. Deutschen Bundestag der bevorzugte Adressat von Mißbilligungsanträgen, vgl. *v. Mangoldt - Klein*, a.a.O., S. 1302 f. Der Bundestag hat bisher alle Mißbilligungsanträge abgelehnt.

[27] Die Kürzung oder Streichung des Ministergehalts ist eine besondere Form des Mißbilligungsvotums. Da ein Minister einen Rechtsanspruch auf sein Amtsgehalt hat, kann es ihm der Bundestag nicht rechtswirksam verweigern. Der Kürzungsantrag ist daher eine politische Demonstration gegen den Minister.
Anträge auf Streichung des Ministergehalts wurden vom GB/BHE gegen Bundesaußenminister *v. Brentano* (Deutscher Bundestag, 2. Wahlperiode, Sten.Ber. der 150. Sitzung v. 20. Juni 1956, S. 8012 D—8013 C, Wortlaut des Antrags: S. 8032 B—C, Ablehnung: 151. Sitzung v. 21. Juni 1956, S. 8044 B) und von der SPD gegen Bundesarbeitsminister *Blank* gestellt (Deutscher Bundestag, 3. Wahlperiode, Sten.Ber. der 150. Sitzung v. 14. März 1961,

an den Bundeskanzler, dem Bundespräsidenten die Entlassung des Ministers vorzuschlagen[28]. Als schärfstes Mittel bleibt der Gesetzgebungsboykott gegenüber dem beanstandeten Minister oder gegenüber sämtlichen Regierungsvorlagen[29]. Dadurch wird die Regierungstätigkeit lahmgelegt. Zerbricht die Koalitionssolidarität an der Person eines Ministers, dann wird ihn der Kanzler nicht halten können. Er riskiert nämlich seinen eigenen Sturz nach Art. 67 GG (konstruktives Mißtrauensvotum).

S. 8518 D—8539 A, Wortlaut des Antrags: S. 8576 D). In beiden Fällen handelt es sich um reine Mißbilligungsanträge. Die rechtlichen Folgen einer Annahme wurden nur am Rande, die Zulässigkeit des Antrags wurde gar nicht erörtert.

Diese Variante des Mißbilligungsvotums ist in England in der Form üblich, daß der Antrag gestellt wird, das Jahresgehalt des Ministers um £ 100 zu kürzen, vgl. *O. Hood Phillips:* Constitutional and Administrative Law, 3. Aufl., London 1962, S. 220.

[28] Anträge auf Entlassungsersuchen sind im Bundestag mehrmals gestellt, aber nie angenommen worden. Ein Beispiel eines solchen Antrags: „Der Bundestag wolle beschließen: Der Bundeskanzler wird ersucht, dem Bundespräsidenten die Entlassung des Bundesministers Erhard vorzuschlagen". (vgl. Deutscher Bundestag, 1. Wahlperiode, Sten.Ber. der 81. Sitzung v. 28. Juli 1950, S. 3029 D—3039 A, Drucks. 1176).

Klaus-Albrecht Sellmann (Der schlichte Parlamentsbeschluß, Berlin 1966, S. 89) hält das Entlassungsersuchen für unzulässig, weil es dem Sinn und Zweck der Art. 64, 67, 68 und 69 GG widerspricht. M. E. geben die angeführten Grundgesetzartikel für eine solche Interpretation nichts her. Das Entlassungsersuchen wird in der Literatur überwiegend als zulässig angesehen, vgl. *v. Mangoldt - Klein*, a.a.O., S. 1302 m. Nachw.

[29] Die Sozialdemokraten versuchten z. B. im Dezember 1913, den Reichskanzler auf diese Weise zu stürzen, konnten aber die bürgerlichen Parteien nicht für diese Politik erwärmen, vgl. *Ernst Rudolf Huber,* Verfassungsgeschichte, Bd. IV, S. 589 f.

IV. Die Anordnungen und
Verfügungen des Bundespräsidenten

1. Ein historischer Begriff

Von „Anordnungen und Verfügungen" sprechen in Zusammenhang mit der Gegenzeichnung bereits Art. 17 RV 71 und Art. 50 WRV[1]. Der parlamentarische Rat hat diese Formulierung für das Grundgesetz übernommen.

Es findet sich nirgends eine Legaldefinition des Begriffs der „Anordnungen und Verfügungen" des Staatsoberhaupts. Er wird auch nur in Zusammenhang mit der Gegenzeichnung gebraucht. Die Literatur faßt ihn überwiegend als einheitlichen Begriff auf. Auch die Autoren, die einen Unterschied zwischen Anordnungen und Verfügungen sehen wollen[2], ziehen daraus keine Konsequenzen im Sinne einer unterschiedlichen Behandlung.

2. Aus Art. 58 GG folgt kein
Anordnungsrecht des Bundespräsidenten

Art. 58 GG ist eine Verfahrensvorschrift und enthält keine Ermächtigung zum Erlaß von Anordnungen oder Verfügungen[3]. Es findet sich auch sonst nirgends eine derartige Ermächtigung, auf die sich die Gegenzeichnung beziehen könnte.

3. Die „Anordnungen und Verfügungen" als Sammelbegriff

Art. 58 GG behandelt nicht nur die seltenen Fälle, in denen ein Akt unter der Bezeichnung „Anordnung" oder „Verfügung" ergeht[4], son-

---

[1] Die deutschen Länderverfassungen des 19. Jahrhunderts gebrauchen meist nur den Begriff „Verfügungen". Es kommen aber auch Begriffe wie Regierungsanordnungen, -handlungen, -akte und -erlasse vor; vgl. *Passow*, a.a.O., S. 41—44.

[2] *Andreas Hamann:* Das Grundgesetz für die Bundesrepublik Deutschland, 2. Aufl., Neuwied 1961, S. 305 (Erl. B 1 zu Art. 58); *Joachim Kniesch:* Die Stellung des Bundespräsidenten nach Grundgesetz und Staatspraxis, in: NJW 1960, S. 1326, Fußn. 6.

[3] *Andreas Hamann:* Präsidialdemokratie?, in: Das Recht im Amt, 1959, S. 163.

[4] So z. B. Anordnung über die deutschen Flaggen v. 7. Juni 1950 (BGBl.

dern alle Handlungen des Bundespräsidenten im Rahmen der ihm zugewiesenen Kompetenzen.

4. Formeller und materieller Aktautor

Eine Kompetenzzuweisung bedeutet, daß der Bundespräsident zum *formellen* Erlaß einer bestimmten Gruppe von Regierungsakten zuständig ist. Mit anderen Worten: Anordnungen und Verfügungen des Bundespräsidenten im Sinne des Art. 58 GG sind alle Regierungsakte, deren *formeller* Autor der Bundespräsident ist.

Im folgenden wird gezeigt werden, daß der Bundespräsident nicht unbedingt auch der *materielle* Aktautor sein muß, obwohl die Formulierung des Art. 58 GG („Anordnungen und Verfügungen *des* Bundespräsidenten") das eigentlich erwarten läßt.

Viele Autoren folgern aus dem Wortlaut ausdrücklich oder stillschweigend, daß die Anordnungen und Verfügungen dem politischen Willen des Bundespräsidenten entspringen[5]. Sie setzen damit das voraus, was eigentlich erst bewiesen werden müßte, und übersehen, daß Verfassungsformulierungen keine Beweiskraft für die Verfassungswirklichkeit haben.

5. Regierungsakte

Der Begriff „Anordnungen und Verfügungen des Bundespräsidenten" ist nicht nur unklar und schwerfällig, er suggeriert auch, daß er Handlungen umfaßt, die dem politischen Willen des Bundespräsidenten entspringen. Von dieser Voraussetzung ist die Gegenzeichnungsliteratur bisher ausgegangen, ohne ihre Berechtigung zu überprüfen[6]. Diese Voraussetzung soll im folgenden Kapitel überprüft werden. Sie wird sich dabei als unzutreffend erweisen. Deshalb soll in dieser Arbeit nicht mehr der Begriff „Anordnungen und Verfügungen des Bundespräsidenten" gebraucht werden, weil er dem Leser die in dieser Arbeit bestrittene Ansicht immer neu suggerieren würde. Stattdessen soll von *Regierungsakten* gesprochen werden. Dieser Begriff entstammt Art. 44 PrVU und ist mithin älter als der hier abgelehnte Begriff[7].

S. 205); Anordnung des Bundespräsidenten über die Dienstflagge der Seestreitkräfte der Bundeswehr v. 25. Mai 1956 (BGBl. I, S. 447); Anordnung des Bundespräsidenten über Staatsbegräbnisse v. 2. Juni 1966 (BGBl. I, S. 337). Die Bezeichnung „Verfügung des Bundespräsidenten" ist nicht gebräuchlich.

[5] z. B. *v. Mangoldt - Klein*, a.a.O., passim, bes. S. 1120 f.; *Pöttgen*, a.a.O., bes. S. 123; *Servatius*, a.a.O., bes. S. 79.

[6] s. oben I, 3.

[7] Der Begriff „Regierungsakt" bezieht sich auf die Funktion, nicht auf das

Die Regierungsakte sind gegenüber solchen Maßnahmen abzugrenzen, die die Bundesregierung ohne Tätigwerden des Bundespräsidenten erlassen darf. In diesem Fall ist die Bundesregierung und nicht der Bundespräsident formeller Aktautor. Derartige Handlungen sollen als „einfache Regierungsakte" bezeichnet werden. Diese Bezeichnung wird gewählt, weil — wie es im nächsten Kapitel begründet werden soll — auch die Regierungsakte dem politischen Willen der Regierung entspringen. *Der materielle Autor ist in beiden Fällen der gleiche.* Der *formelle Erlaß* der Regierungsakte erfolgt durch den Bundespräsidenten unter Gegenzeichnung der Bundesregierung. „Einfache Regierungsakte" werden dagegen durch die Bundesregierung selbst erlassen. Der Unterschied ist eine Vereinfachung der Form: das Tätigwerden des Bundespräsidenten unterbleibt[8].

Es soll versucht werden, eine Gegenzeichnungsinterpretation zu erarbeiten, die *für alle Arten von Regierungsakten in gleicher Weise* gilt. Das ist nur möglich, wenn man die Gesetze aus dem Begriff der Regierungsakte ausklammert und sie in einem eigenen Kapitel behandelt[9]; denn die Gegenzeichnung bei der Ausfertigung der Gesetze hat eine grundsätzlich andere Bedeutung als die der Regierungsakte.

Staatsorgan „Regierung". Deshalb geht der Einwand fehl, dieser Begriff sei nur gewählt worden, um dem Leser zu suggerieren, die Regierungsakte gingen von der Bundesregierung aus, zu der der Bundespräsident laut Art. 62 GG nicht gehört. Es verhält sich umgekehrt: weil das Staatsoberhaupt heute keinen Anteil mehr an der Funktion „Regierung" hat, kann man ihn nicht einmal zur „Regierung im weiteren Sinne" zählen. Im königlichen Preußen zählte der Monarch zur Regierung, weil der wesentlichste Teil der Funktion „Regierung" bei ihm lag.

Der Skeptiker, den diese Darlegung nicht überzeugt, sei darauf hingewiesen, daß die Änderung des Begriffs nicht *anstelle* einer Begründung erfolgt. Im folgenden Kapitel wird gezeigt, daß die Regierungsakte tatsächlich mit wenigen Ausnahmen Akte *der* Bundesregierung sind.

[8] Als Beispiel soll die Beamtenernennung dienen: höhere Dienstgrade werden durch Regierungsakt, niedrigere durch einfachen Regierungsakt ernannt. Üblicherweise spricht man davon, daß der Bundespräsident sein Recht zur Ernennung der niedrigeren Beamten übertragen oder delegiert hat; vgl. die Anordnung des Bundespräsidenten über die Ernennung und Entlassung der Bundesbeamten und Richter im Bundesdienst v. 17. Mai 1950 (BGBl. S. 209 i. d. F. v. 11. Juli 1967, BGBl. I, S. 794). Das ist ungenau: das Recht zum *formellen Erlaß* hat der Bundespräsident delegiert, nicht aber die *materielle Entscheidung.* Sie steht in beiden Fällen der Bundesregierung zu.

[9] s. unten X.

V. Der Geschäftsgang beim Erlaß eines Regierungsakts

1. Die Suche nach dem materiellen Aktautor

Die Frage, wer der materielle Autor der Regierungsakte ist, läßt sich nicht durch Verfassungsinterpretation[1], sondern nur aus der Staatspraxis ermitteln. Wie diese Praxis verfassungsrechtlich zu beurteilen ist, ist eine zweite Frage.

Es ist für den Außenstehenden kaum feststellbar, welches Gewicht der Wille des Bundespräsidenten und der der Bundesregierung bei der Abfassung eines Regierungsakts hat. Man kann nur versuchen, aus der Ausgestaltung der Behörden und aus dem Verwaltungsablauf Schlüsse auf die Machtverteilung zu ziehen. Um Macht auszuüben, braucht man heute vor allem einen Beamtenapparat, der die Entscheidungen vorbereitet und durchführt. Die beste Behörde ist aber nutzlos, wenn ihr die Informationen fehlen, die sie braucht, um Entscheidungen zu treffen und die Durchführung ihrer Anweisungen zu kontrollieren. Untersteht etwa einem Minister ein personell ausreichend besetztes Ministerium, in dem alle Informationen des Ressorts zusammenlaufen, dann hat er mehr Möglichkeiten zur Machtausübung als das Staatsoberhaupt, wenn diesem eine vergleichbare kompetente Behörde fehlt und es seine Informationen in der Regel erst über das Ministerium bekommt[2].

2. Der Verwaltungsablauf

In der Regel wird die Behörde, die über die Informationen verfügt, die Initiative zum Erlaß eines Regierungsakts ergreifen. Sie kann diesen Akt in allen Einzelheiten vorbereiten und das fertige Dokument der anderen Behörde zwecks Einholung der Unterschrift zuleiten. In diesem Fall liegt die Entscheidungsvorbereitung ganz bei einer Behörde und die andere ist auf Prüfung und Zustimmung beschränkt. Das wird die Praxis sein, wenn im Bundespräsidialamt nur ein Referent die Angelegenheiten eines oder mehrerer Ministerien bearbeitet.

---

[1] s. oben IV, 4.

[2] Dabei wird vorausgesetzt, daß das Staatsoberhaupt kein Weisungsrecht gegenüber Minister und Ministerium hat und diese sich auch nicht als Untergebene des Staatsoberhaupts fühlen, wie sich etwa die Minister im konstitutionellen Deutschland als Fürstendiener empfanden, s. oben II, 2, c, ee.

Je stärker die kleinere Behörde personell besetzt ist, desto intensiver kann sie prüfen. Sie wird etwa darauf dringen, durch Rückfragen in die Vorbereitung wichtiger Regierungsakte einbezogen zu werden. In besonders interessanten Angelegenheiten werden sogar Gegenvorschläge ausgearbeitet werden, woraus ein mehrmaliges Hin und Her zwischen Ministerium und Bundespräsidialamt resultieren könnte. Im Grenzfall kann ein Regierungsakt vom Bundespräsidialamt und dem Ministerium gemeinsam vorbereitet werden.

In der Regel läßt sich aber der Verwaltungsablauf in Entscheidungsvorbereitung und Zustimmung einteilen. Es ist nun zu untersuchen, wer die Entscheidung vorbereitet und damit der materielle Aktautor ist und von welcher Prüfung der andere Teil seine Zustimmung abhängig machen darf.

3. Die Entscheidungsvorbereitung

a) Der Regelfall: Entscheidungsvorbereitung
durch die Bundesregierung

Zwischen Art. 58 GG und § 29 GOBReg besteht eine eigenartige Spannung. Der Grundgesetzartikel ist so abgefaßt, als entsprängen die Regierungsakte dem Willen des Bundespräsidenten, dem die Bundesregierung dann durch die Gegenzeichnung beitritt. § 29 II GOBReg bestimmt dagegen, daß die Regierungsakte dem Bundespräsidenten erst nach der Gegenzeichnung vorgelegt werden. Hier wird von einer Entscheidungsvorbereitung durch die Bundesregierung ausgegangen und die Möglichkeit eröffnet, daß der Bundespräsident von einem Regierungsakt erst in dem Augenblick erfährt, wo das vorbereitete und gegengezeichnete Dokument auf seinem Schreibtisch liegt.

Hieraus erklärt es sich auch, daß die Regierungsakte verschieden benannt werden: Art. 58 GG spricht von „Anordnungen und Verfügungen des Bundespräsidenten", § 29 II GOBReg dagegen einfach von „Verfügungen und Anordnungen". Es wäre eigenartig, wollte man den Bundespräsidenten noch als Aktautor herausstellen, wenn man verwaltungstechnisch die Möglichkeit schafft, ihn von der Entscheidungsvorbereitung ganz auszuschließen.

§ 29 II GOBReg beschreibt die Verfassungswirklichkeit besser als Art. 58 GG, dessen Formulierung noch aus dem 19. Jahrhundert stammt. Tatsächlich läuft in der überwiegenden Mehrzahl der Fälle der Dienstweg und damit der größte Teil der Informationen zu den Ministerien und nicht zum Bundespräsidialamt. Die mit der Bearbeitung von Regierungsakten befaßten Stäbe sind in den Ministerien meist wesentlich stärker als im Bundespräsidialamt. Dieses ist daher gar nicht in der Lage, in den täglichen Routineangelegenheiten die Initiative zu ergreifen.

Das soll am Beispiel einer Beamtenernennung erläutert werden. Das Bundespräsidialamt hat keine Möglichkeit, eine Initiative zu entwickeln, weil es nicht weiß, wo eine Stelle frei wird und welche Beamten dafür in Frage kämen. Über diese Informationen verfügt die Personalabteilung des betreffenden Ministeriums. Die Entscheidung wird daher im Ministerium getroffen, die Ernennungsurkunde wird ausgestellt, vom Minister gegengezeichnet und dem Bundespräsidenten zum Vollzug zugeleitet.

Das Bundespräsidialamt prüft nicht, ob der Beamte für den vorgesehenen Posten geeignet ist. Es achtet jedoch auf die Einhaltung der Laufbahnvorschriften, auf Strafen[3] und Disziplinarmaßnahmen. In Sonderfällen fordert es die Personalakten an[4]. Da das Bundespräsidialamt pro Jahr zwischen fünftausend und zehntausend Ernennungen bearbeitet, kann dem Bundespräsidenten nicht über jeden Fall Vortrag gehalten werden. Das geschieht nur dann, wenn ein Ernennungsvorschlag zu Bedenken Anlaß gibt. Es ist durchaus denkbar, daß der Bundespräsident energische Gegenvorstellungen gegenüber dem Minister erhebt oder sich entschließt, einen Ernennungsvorschlag „zurückzustellen". Der Minister wird sich der Argumentation des Bundespräsidenten nicht in jedem Fall verschließen können. Glaubt die Bundesregierung jedoch, auf eine Ernennung nicht verzichten zu können, so kann sie ihrem Vorschlag den nötigen Nachdruck verleihen, indem sie den Vorgeschlagenen ins Angestelltenverhältnis übernimmt[5]. Gegenvorstellungen des Bundespräsidenten dürfen nicht als Beteiligung an der Entscheidungsvorbereitung gewertet werden; denn mit diesem Appell an das Ministerium, seine eigenen Vorschläge zu überdenken, sind keine Alternativvorschläge verbunden.

Ein Einfluß des Bundespräsidenten auf die Entscheidungsvorbereitung ist nur in konkreten Einzelfragen denkbar. Derartige Fälle wurden Anfang 1966 bekannt. Damals hat die Bundesregierung dem Bun-

---

[3] Ein wegen Alkohol am Steuer vorbestrafter Beamter kann durchaus von einem Ministerium aufgrund seiner Fähigkeiten zur Beförderung vorgesehen werden. Das Bundespräsidialamt dürfte aber in solchen Fällen Bedenken anmelden.

[4] Die Vorlage darf das Ministerium nicht verweigern, vgl. § 4 S. 1 Durchführungsbestimmungen zur Anordnung des Bundespräsidenten über die Ernennung und Entlassung der Bundesbeamten und Bundesrichter v. 14. Oktober 1955 (BGBl. I, S. 681).

[5] Das soll unter Bundespräsident *Heuss* vorgekommen sein, vgl. *Ellwein*, a.a.O., S. 283, Anm. 16; *Eschenburg*, Staat und Gesellschaft in Deutschland, S. 639.

despräsidenten Lübke bei der Ernennung von Sachverständigen die
Auswahl unter mehreren Kandidaten überlassen. Dabei soll der Bundespräsident sogar die Initiative ergriffen und die Aufnahme einiger
nicht benannter Sachverständiger in die Vorschlagsliste gefordert haben[6]. Der Bundespräsident hatte die Auswahl bei der Ernennung der
vier von der Bundesregierung zu benennenden Mitglieder des Bildungsrats[7] und bei der Ernennung eines Mitglieds für den Sachverstän-
digenrat zur Begutachtung der gesamtwirtschaftlichen Entwicklung[8].

Bereits dem Bundespräsidenten *Heuss* wurde von der Bundesregierung ein solches Recht bei der Auswahl der Mitglieder des Wissen-
schaftsrats zugestanden[9], weil er in solchen Fragen als besonders kom-
petent galt. Dieses persönliche Zugeständnis an Prof. Heuss konnte
kein Gewohnheitsrecht begründen. Es ist nicht vergleichbar mit den
Auswahlrechten, die Bundespräsident *Lübke* aufgrund seines Amtes
gefordert und erhalten hat.

Die Bundesregierung hat dem Bundespräsidenten in diesen Fällen
Entscheidungsrechte überlassen[10]. Man könnte einwenden, daß durch
diese Praxis das Kontrollrecht des Parlaments beeinträchtigt werde,
weil die letzte Entscheidung das parlamentarisch nicht verantwortliche
Staatsoberhaupt trifft. Selbstverständlich ist die Bundesregierung auch
für die Auswahl durch den Bundespräsidenten parlamentarisch voll
verantwortlich; denn sie hat die Ernennung ja gegengezeichnet. Es ist
aber ein Unterschied, ob der Minister dem Parlament Rede und Antwort stehen muß, weil er selbst der alleinige Autor der beanstandeten
Maßnahme war oder ob er als Prügelknabe[11] für den Bundespräsidenten auftritt, dessen Entscheidung nicht begründet zu werden braucht
und den die parlamentarische Kritik nur indirekt trifft. Man kann es

---

[6] Frankfurter Allgemeine Zeitung v. 27. 1. 1966, S. 3.

[7] Vgl. Deutscher Bundestag, 5. Wahlperiode, 18. Sitzung v. 9. Februar 1966,
stenografische Berichte, S. 706 C—D; Frankfurter Allgemeine Zeitung v.
27. 1. 1966, S. 3, v. 19. 2. 1966, S. 1; Süddeutsche Zeitung v. 26. 1. 1966, S. 4,
v. 3. 2. 1966, S. 2, v. 4. 2. 1966, S. 4.

[8] Vgl. Deutscher Bundestag, 5. Wahlperiode, 27. Sitzung v. 9. März 1966,
stenografische Berichte, S. 1218 B; Frankfurter Allgemeine Zeitung v. 10. 3.
1966, S. 1, 2.

[9] Vgl. Bundesminister *Lücke* in der Fragestunde des Deutschen Bundestages v. 9. Februar 1966, stenografische Berichte, S. 706 C; Frankfurter Allgemeine Zeitung v. 27. 1. 1966, S. 3.

[10] Ein derartiges Auswahlrecht hat der Bundespräsident gegenüber den
Ministerpräsidenten der Bundesländer nicht durchsetzen können, die ebenfalls Mitglieder des Bildungsrats zu benennen hatten. Dem Bundespräsidenten wurde dringend abgeraten, diese Forderung zu stellen, wenn er sich
nicht einer Ablehnung aussetzen wolle, vgl. Frankfurter Allgemeine Zeitung
v. 27. 1. 1966, S. 3. Es ist anzunehmen, daß die Bundesregierung sich in
gleicher Weise hätte durchsetzen können.

[11] Vgl. oben II, 2, b, cc.

daher als Aushöhlung des parlamentarischen Prinzips und Verstoß gegen den Geist des Art. 20 II GG bezeichnen, wenn Entscheidungsrechte von der Regierung auf das Staatsoberhaupt übertragen werden. Es müssen hier die gleichen Bedenken angemeldet werden, wie sie bereits oben[12] gegen die Verlagerung von Entscheidungen auf Organe erhoben wurden, die nicht der Regierung unterstehen.

b) Die Ausnahme: Entscheidungsvorbereitung durch den Bundespräsidenten

§ 29 II GOBReg schließt eine Entscheidungsvorbereitung durch den Bundespräsidenten nicht völlig aus. In diesem Fall erarbeitet das Bundespräsidialamt den Regierungsakt und legt ihn dem Ministerium zwecks Prüfung und Gegenzeichnung vor. Zur Vollziehung wird dann die Urkunde dem Bundespräsidenten wieder zugeleitet.

Dieser Verwaltungsablauf kann nur in solchen Angelegenheiten die Regel sein, wo das Bundespräsidialamt über ein ausreichend besetztes Referat verfügt. Von den sieben Referaten des Bundespräsidialamts[13] dürfte nur das für Ordenssachen zuständige Referat gegenüber der Bundesregierung eine Initiative entwickeln können. Auf der Seite der Bundesregierung fehlt eine vergleichbare Behörde, die für *alle* Ordenssachen zuständig ist[14]. Außerdem ist dem Bundespräsidialamt die verwaltungsmäßige Zuständigkeit ausdrücklich zugewiesen[15].

Die beiden wichtigsten Arten von Regierungsakten, bei denen der Bundespräsident zunächst seine Entscheidung trifft und die Bundesregierung ihr nachträglich beitritt, sind die Ordensverleihung und die Genehmigung zur Annahme ausländischer Orden.

aa) Die Ordensverleihung

Vorschläge für die Verleihung des Verdienstordens der Bundesrepublik Deutschland sind dem Bundespräsidialamt und nicht einem Bundesministerium zuzuleiten[16]. Damit läuft der Dienstweg über das Bundespräsidialamt. Da die Bundesregierung nicht allein vorschlagsberech-

---

[12] II, 2, b, aa.

[13] Protokoll, Rechtsfragen, Kontaktfragen, Ordenssachen, Petitionen, Innerer Dienst, Presse.

[14] Mit Ordenssachen befassen sich *zwei* Ministerien, nämlich das Bundesministerium des Innern und das Auswärtige Amt.

[15] Art. 8 Erlaß über die Neufassung des Statuts des „Verdienstordens der Bundesrepublik Deutschland" v. 8. Dezember 1955 (BGBl. I, S. 749).

[16] Art. 5 II Erlaß über die Neufassung des Statuts des „Verdienstordens der Bundesrepublik Deutschland" v. 8. Dezember 1955 (BGBl. I, S. 749).

tigt ist und die Vorschläge auch nicht über sie einzureichen sind[17], verfügt nur das Bundespräsidialamt, nicht aber die Bundesregierung über die zum Tätigwerden notwendigen Informationen.

Das Bundespräsidialamt prüft die Vorschläge und der Bundespräsident entscheidet. Ablehnungen kommen auch dann vor, wenn der Vorschlag von einem Bundesminister ausging. Es ist nicht üblich, daß der Bundespräsident eine Ablehnung begründet. Der Verleihungserlaß wird zuerst vom Chef des Bundespräsidialamts unterzeichnet, dann von einem Bundesminister[18] und vom Bundeskanzler gegengezeichnet und zuletzt vom Bundespräsidenten vollzogen.

bb) Die Genehmigung zur Annahme ausländischer Orden

In gleicher Weise läuft das Verfahren bei der Genehmigung zur Annahme ausländischer Orden gemäß § 5 Gesetz über Titel, Orden und Ehrenzeichen[19]. Eine Ablehnung kommt nicht oder fast nicht vor, weil die Entscheidung bereits im sogenannten Vorverfahren fällt. Darunter versteht man den internationalen Brauch, daß vor der Verleihung auf diplomatischem Wege angefragt wird, ob der Heimatstaat des Ordensempfängers einverstanden ist. Diese Anfragen werden — meist zusammen mit einer eigenen Stellungnahme — vom Auswärtigen Amt an das Bundespräsidialamt weitergeleitet. Dieses holt Auskünfte bei der Staatskanzlei des Bundeslandes ein, wo der Auszuzeichnende seinen Wohnsitz hat. Bundespräsidialamt und Auswärtiges Amt werden sich über die positive oder negative Beantwortung der Voranfrage zu einigen suchen. Wie etwaige Meinungsverschiedenheiten ausgetragen werden, konnte nicht in Erfahrung gebracht werden.

Über die Voranfrage wird von allen Seiten Stillschweigen bewahrt. Sie hat nur dann einen Sinn, wenn sie dem verleihenden Staat, dem Heimatstaat und nicht zuletzt dem Auszuzeichnenden die wenig erfreuliche Verweigerung der Annahmegenehmigung erspart.

Im Jahre 1966 hatte Bundespräsident *Lübke* eine Voranfrage der französischen Regierung betreffend die Verleihung des Ordens „Palmes Académiques" an Frau Prof. *Klara Maria Faßbinder* negativ beant-

---

[17] Das gilt auch für das Grubenwehr-Ehrenzeichen; vgl. § 1 I Durchführungsbestimmungen zum Erlaß über die Stiftung des Grubenwehr-Ehrenzeichens v. 14. Juli 1953 (BGBl. I, S. 663). Vorschläge zur Verleihung der Zelter-Plakette sind jedoch dem Bundespräsidenten über den Bundesminister des Innern einzureichen; vgl. Richtlinien für die Verleihung der Zelter-Plakette v. 7. August 1956 (BGBl. I, S. 740 f.).

[18] Dem Bundesminister des Innern oder dem des Auswärtigen; vgl. Art. 6 I Erlaß über die Neufassung des Statuts des „Verdienstordens der Bundesrepublik Deutschland" v. 8. Dezember 1955.

[19] v. 26. Juli 1955 (BGBl. I, S. 844).

wortet[20]. Durch eine Indiskretion wurde dies Frau Faßbinder bekannt, die sich mit Brief vom 10. Oktober 1966 an den Bundespräsidenten wandte. Das Bundespräsidialamt antwortete am 27. Oktober, daß eine Revision der Entscheidung des Bundespräsidenten nicht erfolgen werde[21]. Anfang 1967 wurde der „Fall Faßbinder" in der Presse diskutiert[22].

Da die Zweckmäßigkeit dieser Ablehnung allgemein bezweifelt wurde, befaßte sich der Bundestag in seiner Fragestunde vom 26. Januar 1967 mit dem Fall. Die Staatssekretäre des Auswärtigen Amts und des Bundesministeriums des Innern gaben zwar über das Verfahren, nicht aber über die Gründe der Ablehnung Auskunft[23].

Die öffentliche Kritik richtete sich in erster Linie gegen den Bundespräsidenten, den man jedoch nicht als den alleinigen Autor der kritisierten Maßnahme bezeichnen kann. Immerhin hat die Staatskanzlei in Düsseldorf am 11. 1. und am 24. 2. 1966 Bedenken gegen eine Ordensverleihung angemeldet[24] und mehrere Ressortminister[25] haben die Ablehnung mindestens gebilligt, vermutlich sogar empfohlen[26]. Die Kritik des Bundestags, die der Bundesregierung offensichtlich unangenehm war, traf daher keinen Unschuldigen.

Am 25. November 1969 erhielt Frau Faßbinder den Orden „Palmes Académiques"[27]. Offensichtlich hat die französische Regierung nach dem Amtsantritt von Bundespräsident Heinemann ihre Voranfrage wiederholt und eine positive Antwort erhalten.

cc) Die Ordensstiftung

Die Erlasse zur Stiftung von Orden und Ehrenzeichen[28] sind in der Regel in Ich-Form abgefaßt und lassen den Bundespräsidenten als

---

[20] Im Gegensatz zur Darstellung in einem Teil der Presse war der Orden nicht verliehen worden, so daß eine Annahmegenehmigung weder beantragt noch erteilt werden konnte.

[21] Der Spiegel Nr. 5 v. 23. Januar 1967, S. 18.

[22] Vgl. Frankfurter Allgemeine Zeitung Nr. 293 v. 17. 12. 1966; Nr. 24 v. 28. 1. 1967; Nr. 27 v. 1. 2. 1967; Nr. 28 v. 2. 2. 1967; Nr. 33 v. 8. 2. 1967; Nr. 36 v. 11. 2. 1967; Rheinischer Merkur Nr. 7 v. 17. 2. 1967, S. 2; Der Spiegel Nr. 5 v. 23. 1. 1967 S. 16—18.

[23] Deutscher Bundestag, 5. Wahlperiode, 88. Sitzung v. 26. 1. 1967, Stenografische Berichte, S. 4088 A—4094 A.

[24] Deutscher Bundestag, Stenografische Berichte, a.a.O., S. 4088 B.

[25] Vermutlich der Bundesminister des Innern und der des Auswärtigen.

[26] Deutscher Bundestag, Stenografische Berichte, a.a.O., S. 4088 B, 4092 B.

[27] Vgl. Frankfurter Allgemeine Zeitung Nr. 274 v. 26. November 1969, S. 3.

[28] z. B. Erlaß über die Stiftung des „Verdienstordens der Bundesrepublik Deutschland" v. 7. September 1951 (BGBl. I, S. 831); Erlaß über die Stiftung des Grubenwehr-Ehrenzeichens v. 14. Juli 1953 (BGBl. I, S. 662); Erlaß über die Stiftung der Zelter-Plakette v. 7. August 1956 (BGBl. I, S. 740).

Aktautor erscheinen. Es wird daher in der Literatur nicht bezweifelt, daß dieser der *materielle* Autor der Stiftungserlasse ist. Der Bundespräsident hat jedoch bei der Ordensstiftung nicht die gleiche starke Stellung wie bei der Ordensverleihung und der Genehmigung der Annahme ausländischer Orden. Die Initiative ging mindestens in einem Teil der Fälle vom zuständigen Bundesministerium aus. Das Bundespräsidialamt wird sofort über die geplante Maßnahme informiert und erhält dadurch die Möglichkeit, seine Meinung zu äußern. Das Ministerium leitet dem Bundespräsidialamt dann einen Entwurf zu, den dieses möglicherweise mit einem Gegenentwurf beantwortet. Daran schließen sich Verhandlungen an, bis Einigkeit hergestellt ist. Die Beteiligung des Bundespräsidialamts ist dadurch gerechtfertigt, daß dieses den geplanten Erlaß bei Ordensverleihungen durchführen muß. Deshalb wird sich kein Ministerium den Erfahrungen des Bundespräsidialamts verschließen. Dieses dürfte aber kaum in der Lage sein, eine vom Ministerium abgelehnte Regelung durchzusetzen.

Die Entscheidungsvorbereitung liegt daher bei der Bundesregierung. Das Bundespräsidialamt ist an ihr jedoch stärker beteiligt, als das bei anderen Regierungsakten üblich ist. Man kann den Bundespräsidenten im materiellen Sinn nicht als Autor, sondern allenfalls als Mitautor der Stiftungserlasse bezeichnen. Die Ordensstiftung zählt daher nicht zu den Ausnahmefällen, in denen die Entscheidungsvorbereitung beim Bundespräsidenten liegt.

Als formeller Autor der Stiftungserlasse ist der Bundespräsident geeigneter als die Bundesregierung. Das ist unbestritten. Schwierigkeiten macht jedoch die juristische Begründung dieses Rechts. Eine vorkonstitutionelle Ermächtigung, die nach Art. 129 GG auf den Bundespräsidenten übergegangen sein könnte, liegt nicht vor; denn weder der Kaiser[29] noch der Reichspräsident[30] übten dieses Recht aus. Im Grundgesetz findet sich keine Regelung. Es ist daher zu prüfen, ob der Bundespräsident oder die Bundesregierung zuständig ist. Die Ordensstiftung zählt nicht zu den Ehrenrechten des Monarchen, die etwa als wesentlicher Bestandteil der Stellung jedes Staatsoberhaupts dem Bundespräsidenten zustehen könnte, sondern zu den Regierungsrechten, die weitgehend vom Staatsoberhaupt auf die Regierung übergegangen sind. Die Vermutung spricht daher für eine Zuständigkeit der Bundesregierung. Diese hat jedoch regelmäßig den Bundespräsidenten mit dem formellen Erlaß betraut. Das könnte als ein *Mandat* anzusprechen sein, aus dem sich gewohnheitsrechtlich eine *Delegation* ent-

---

[29] Es gab keine Reichsorden.
[30] Art. 109 WRV verbot die Verleihung von Orden.

wickelte[31], die dann nach längerer Übung auch in § 3 I S. 1 Gesetz über Titel, Orden und Ehrenzeichen[32] Ausdruck fand, in dem der Bundespräsident zur Ordensstiftung „ermächtigt" wird.

Als Rechtsgrundlage der durch den Bundespräsidenten vollzogenen Stiftungserlasse ist diese gesetzliche Regelung nicht geeignet. Zunächst sind die wichtigsten Orden vor dem Inkrafttreten dieses Gesetzes gestiftet worden[33]. Außerdem ist der Bundespräsident in Art. 80 I GG nicht als möglicher Adressat von Ermächtigungen zum Erlaß von Rechtsverordnungen genannt. Da diese Aufzählung nach herrschender Lehre abschließend ist[34], wäre eine derartige Ermächtigung nicht zulässig[35].

dd) Die Symbolhoheit

Für die übrigen Regierungsakte auf dem Gebiet der Symbolhoheit gilt Ähnliches wie für die Ordensstiftung. Es findet sich teilweise schon im Text der Erlasse ein Hinweis auf den materiellen Aktautor. Zwar ist auch hier die Ich-Form üblich, aber der Text nimmt in den meisten Fällen auf einen Beschluß[36] oder Vorschlag[37] der Bundesregierung Bezug. Auch hier lag die Entscheidungsvorbereitung nicht überwiegend beim Bundespräsidialamt, so daß die Bundesregierung weiterhin als materieller Aktautor anzusprechen ist[38]. Ein Gewohnheitsrecht für den

---

[31] Zur Entwicklung einer Delegation aus einem Mandat vgl. *Heinrich Triepel:* Delegation und Mandat im öffentlichen Recht, Stuttgart und Berlin 1942, S. 105.

[32] v. 26. Juli 1957 (BGBl. I, S. 844).

[33] s. oben Anm. 28 dieses Abschnitts.

[34] *Gerhard Huwar:* Der Erlaß von Rechts- und Verwaltungsverordnungen durch den Bundespräsidenten, Berlin 1967, S. 99 m. Nachw.; *Dieter Wilke,* in: *v. Mangoldt - Klein,* a.a.O., S. 1922 m. Nachw.

[35] a. A. *Huwar,* a.a.O., S. 118 f., der § 3 I S. 1 Ordensgesetz deshalb für rechtmäßig hält, weil er nur eine Ermächtigung zum Erlaß begünstigender Normen darstellt. Es ist zweifelhaft, ob die Unterscheidung zwischen begünstigenden und belastenden Normen im Staatsrecht ebenso sinnvoll ist wie im Verwaltungsrecht. Eine vom Bundespräsidenten in Gang gesetzte Ordensinflation wäre formal betrachtet das Höchstmaß an Begünstigung, weil kaum ein Bundesbürger mehr undekoriert seinen Lebensweg beendete. Praktisch wäre das aber eine belastende Maßnahme gegenüber denen, die sich ihre Orden durch Verdienste erworben haben. Das ist eine zwar politisch, aber nicht verwaltungsrechtlich relevante Erwägung.

[36] Bekanntmachung betreffend das Bundeswappen und den Bundesadler v. 20. Januar 1950 (BGBl. S. 26).

[37] Erlaß über die Dienstsiegel v. 20. Januar 1950 (BGBl. S. 26 i. d. F. des Erlasses v. 28. August 1957, BGBl. I, S. 1328); Anordnung über die deutschen Flaggen v. 7. Juni 1950 (BGBl. S. 205); Anordnung des Bundespräsidenten über Staatsbegräbnisse und Staatsakte v. 2. Juni 1966 (BGBl. I, S. 337).

[38] Da das entsprechende Material nicht allgemein zugänglich ist, konnte diese Frage nicht im Einzelnen überprüft werden. Die Behauptung stützt

Bundespräsidenten[39] kann sich also mangels Gewohnheit nicht gebildet haben.

Der Text der angeführten Erlasse legt es nahe, daß der Bundespräsident als Mandatar der Bundesregierung mit dem formellen Erlaß betraut wurde. Da auch hier die Kompetenzvermutung für die Bundesregierung spricht[40], hätte diese allein tätig werden und einen „einfachen Regierungsakt"[41] erlassen können[42]. Wegen der Integrationswirkung der Staatssymbole hielt sie es jedoch für richtig, die Verkündung dem Bundespräsidenten zu überlassen. Es mag offenbleiben, ob sich aus dem regelmäßig erteilten Mandat bereits eine Delegation entwickelt hat oder noch entwickeln wird.

Praktisch werden Akte auf dem Gebiet der Symbolhoheit einschließlich der Ordensstiftungen so behandelt wie die gegenzeichnungspflichtigen Regierungsakte. Der einzige Unterschied ist der, daß der formelle Erlaß durch den Bundespräsidenten nicht gesetzlich vorgeschrieben ist, sondern durch ein Mandat der Bundesregierung bewirkt wird.

4. Die Zustimmung

a) Die Zustimmung der Bundesregierung

Auf die Zustimmung ist die Bundesregierung nur in den Fällen beschränkt, wo die Entscheidungsvorbereitung beim Bundespräsidenten liegt. Von den schriftlichen Akten sind das die Ordensverleihung und die Genehmigung der Annahme ausländischer Orden. Nur in diesen Fällen entspricht der Verwaltungsablauf noch der Formulierung des Art. 58 GG. Anläßlich der Gegenzeichnung entscheidet die Bundesregierung, ob sie dem vom Bundespräsidenten vorbereiteten Regierungsakt zustimmt. Eine Verpflichtung zur Gegenzeichnung oder Beschränkung auf bestimmte Ablehnungsgründe besteht nicht, solange durch die Verweigerung nicht geltendes Recht verletzt wird, was bei

---

sich auf Auskünfte des Bundesinnenministeriums und des Bundespräsidialamtes, nach denen der erste Entwurf der Regierungsakte im Rahmen der Symbolhoheit aus den Ministerien und nicht aus dem Präsidialamt stammt. Das gilt z. B. für die Anordnung des Bundespräsidenten über Staatsbegräbnisse und Staatsakte v. 2. Juni 1966 (BGBl. I, S. 337).

[39] So *Alfred Dahlmann:* Die Befugnis des Bundespräsidenten, Staatssymbole zu setzen, Diss. Saarbrücken 1959, S. 68 ff.

[40] s. oben V, 3, b, cc.

[41] Vgl. oben IV, 5.

[42] Man könnte allenfalls mit *Huwar,* a.a.O., S. 123, 133, ein vorkonstitutionelles Gewohnheitsrecht des Staatsoberhaupts zur Setzung der Nationalflagge und Nationalhymne annehmen, das gemäß Art. 129 I GG auf den Bundespräsidenten übergegangen ist, so daß es in diesen Fällen eines Mandats nicht bedarf.

Ordenssachen kaum der Fall sein dürfte. Die Bundesregierung kann dadurch jede Initiative des Bundespräsidenten lahmlegen. Diese Möglichkeit steht ihr insbesondere offen, wenn der Bundespräsident auf solchen Gebieten die Entscheidungsvorbereitung an sich zu ziehen sucht, wo diese sonst bei der Bundesregierung liegt[43].

Die wichtigste Folge der ausschließlichen Initiative des Bundespräsidenten bei der Ordensverleihung ist die Tatsache, daß die Bundesregierung nicht die Verleihung eines Ordens gegen den Willen des Bundespräsidenten durchsetzen kann. Das hat zur Folge, daß der Bundestag für die Nichtverleihung eines Ordens die Bundesregierung wenigstens dann nicht verantwortlich machen kann, wenn sie dem Bundespräsidenten den entsprechenden Vorschlag gemacht hat. Das dürfte aber keine wesentliche Beschränkung des parlamentarischen Kontrollrechts sein; denn Ordenssachen eignen sich sowieso nur bei eklatanten Mißgriffen als Thema für parlamentarische Debatten.

b) Die Zustimmung des Bundespräsidenten

Wichtiger ist der Fall der Zustimmung bzw. Nichtzustimmung des Bundespräsidenten; denn in allen politisch bedeutenden Fällen liegt die Entscheidungsvorbereitung bei der Bundesregierung. Es ist zu prüfen, ob und aus welchen Gründen der Bundespräsident die Vornahme des vorgeschlagenen Akts verweigern darf. Dabei steht das Recht des Bundespräsidenten zu unverbindlichen Gegenvorstellungen außer Frage[44]. Er kann etwa anläßlich eines Vortrags des Bundeskanzlers gemäß § 5 GOBReg seine Bedenken äußern und um eine Überprüfung des ihm unterbreiteten Vorschlags bitten. Besteht jedoch die Bundesregierung auf ihrem Vorschlag, dann ist zu prüfen, aus welchen Gründen der Bundespräsident ablehnen kann. Das ist die Frage der präsidialen Prüfungsbefugnisse, die im folgenden Kapitel behandelt werden soll.

---

[43] Die Regierung *Erhard* hätte von dieser Möglichkeit Gebrauch machen können, um die Initiative des Bundespräsidenten bei der Auswahl von Sachverständigen zu stoppen, s. oben V, 3, a.

[44] Es ist im konkreten Fall selbst für die Beteiligten schwer zu entscheiden, ob ein Einspruch des Bundespräsidenten, dem der Minister entspricht, als erfolgreiche Gegenvorstellung oder als Veto aufzufassen ist. Das Bundespräsidialamt neigt dazu, ein Veto anzunehmen. M. E. sollte man das jedoch nur annehmen, wenn der Bundespräsident seine Weigerung gegen den Widerstand der Bundesregierung aufrechterhält, nicht aber, wenn die Bundesregierung ihre Vorschläge zurückzieht. Im folgenden Kapitel wird dargelegt, daß der Bundespräsident zu einem Veto aus sachlichen Gründen nicht berechtigt wäre, wohl aber zu Gegenvorstellungen.

VI. Die Prüfungsbefugnisse des Bundespräsidenten

1. Klärung der Begriffe

a) Rechtliche und sachliche Prüfung

Man kann zunächst zwischen rechtlicher und sachlicher oder politischer Prüfung unterscheiden. Die rechtliche Prüfung bezieht sich auf die Rechtmäßigkeit, die sachliche auf die politische Zweckmäßigkeit.

Die politische Prüfung räumt ein freies Ermessen ein; *denn es gibt keine allgemein anerkannten Grundsätze darüber, was in der Politik zweckmäßig ist.* Hätte der Bundespräsident eine sachliche Prüfungskompetenz, dann könnte er jede von ihm geforderte Unterschrift ablehnen, solange er dadurch nicht gegen geltendes Recht verstößt. Er hätte ein *Vetorecht* gegen die Regierungsakte.

Die rechtliche Prüfung bedeutet dagegen nur ein „unechtes Vetorecht". Der Bundespräsident hätte kein Ermessen; seine Tätigkeit wäre eher mit der Auslegung von Rechtsbegriffen zu vergleichen. Er könnte seine Unterschrift nur verweigern, wenn der ihm vorgeschlagene Regierungsakt rechtswidrig ist.

b) Formelle und materielle Prüfung

Man kann die rechtliche Prüfung weiter in formelle und materielle Prüfung unterteilen. Die formelle Prüfung bezieht sich auf das Zustandekommen, die materielle auf den Inhalt des Regierungsakts oder Gesetzes. Diese Unterscheidung hat bei der Ausfertigung der Gesetze Bedeutung erlangt[1]. Bei der Prüfung der Regierungsakte ist sie nicht erforderlich.

Mit wenigen Ausnahmen[2] trennt die Literatur nicht scharf zwischen sachlicher und rechtlicher Prüfung. Man unterscheidet meist zwischen formeller und materieller Prüfung, wobei die sachliche Prüfung als

---

[1] s. unten X, 2.

[2] *Karl-Heinrich Hall:* Überlegungen zur Prüfungskompetenz des Bundespräsidenten, in: JZ 1965, S. 306, 308; *Menzel,* DÖV 1965, S. 585; *Konrad Hesse:* Grundzüge des Verfassungsrechts der Bundesrepublik Deutschland, Karlsruhe 1965, S. 241.

Teil der materiellen erscheint[3]. Es wird dann so argumentiert, daß dem Bundespräsidenten wegen seiner staatsrechtlichen Verantwortlichkeit ein materielles Prüfungsrecht zustehen müsse[4]. Das sachliche Prüfungsrecht, das so keineswegs begründet werden kann, fällt dem Bundespräsidenten gleichzeitig zu, weil es in den Begriff des materiellen Prüfungsrechts hineingezogen wurde[5].

c) Unterteilung der sachlichen Prüfung?

Eine Unterteilung des sachlichen Ermessensraums darf nicht anhand von Begriffen erfolgen, deren Bedeutung von der politischen Einstellung des Auslegenden abhängt. Sonst müßte im Konfliktsfall das Bundesverfassungsgericht eine *politische Ermessensentscheidung* treffen. Das widerspräche dem parlamentarischen System; denn das Bundesverfassungsgericht ist weder demokratisch legitimiert noch sind seine Entscheidungen parlamentarisch nachprüfbar.

Ein sachliches Ablehnungsrecht des Bundespräsidenten aus „staatspolitischen Gründen"[6] scheidet aus, weil die Entscheidung darüber, was staatspolitisch notwendig ist, ihrerseits eine parteipolitische Entscheidung ist[7]. Man kann auch nicht ein präsidiales Veto dann für unzulässig erklären, wenn es „mißbräuchlich"[8] oder „ohne hinreichenden Grund"[9] erfolgt. Was Mißbrauch eines politischen Rechts oder ein hinreichender Grund ist, ist eine politische Ermessensentscheidung.

Auch eine Prüfungskompetenz nach moralischen Gesichtspunkten[10] ist problematisch; denn über die anzulegenden moralischen Maßstäbe besteht keine Einigkeit. Man stelle sich vor, das Bundesverfassungsgericht hätte zu befinden, ob der Bundespräsident die Ernennung eines geschiedenen Politikers zum Familienminister verweigern darf.

Keines der Einteilungskriterien der Literatur läßt sich nachvollziehen, ohne daß das Bundesverfassungsgericht eine politische Ermessens-

---

[3] z. B. *Albert,* a.a.O., S. 48.

[4] *Albert,* a.a.O., S. 53; *Hans Nawiasky:* Der Einfluß des Bundespräsidenten auf Bildung und Bestand der Bundesregierung, in: DÖV 1950, S. 161.

[5] Die Problematik dieser Argumentation hat *Albert* (a.a.O., S. 49 f.) offenbar erkannt. Leider führt er seine Gedanken nicht aus, sondern beruft sich auf die h. L. und verzichtet auf eine Trennung zwischen rechtlicher und sachlicher Prüfung.

[6] *Knöpfle,* a.a.O., S. 714 ff., bes. S. 718.

[7] Vgl. oben I, 2, e, aa.

[8] *Fritz Münch:* Die Bundesregierung, Frankfurt 1954, S. 162.

[9] *Menzel,* a.a.O., S. 593.

[10] Vgl. *Theodor Eschenburg:* Darf Heinrich Lübke Minister Schröder ablehnen?, in: Die Zeit Nr. 42 v. 15. Oktober 1965, S. 3; *Menzel,* a.a.O., S. 593 ff.; *Karl Jaspers:* Wohin treibt die Bundesrepublik?, München 1966, S. 198.

entscheidung trifft. Eine Unterteilung der sachlichen Prüfungskompetenz ist daher abzulehnen.

2. Der Bundespräsident hat eine rechtliche Prüfungskompetenz

Im parlamentarischen System darf niemand Macht ohne Verantwortung haben. Der Bundespräsident darf daher nur dann eine rechtliche Prüfungsbefugnis haben, wenn er für ihren fehlerhaften Gebrauch zur Rechenschaft gezogen werden kann.

Nach Art. 61 GG kann der Bundespräsident wegen vorsätzlicher Verfassungs- oder Gesetzesverletzung vor dem Bundesverfassungsgericht angeklagt werden. Hätte er eine rechtliche, jedoch keine sachliche Prüfungskompetenz, dann könnte er wegen des Vollzugs eines ihm als rechtswidrig bekannten Regierungsakts angeklagt werden, aber auch wegen des Nichtvollzugs eines Regierungsakts, gegen den keine rechtlichen Bedenken bestehen. Die rechtliche Prüfung wäre unter dieser Voraussetzung eine Amtspflicht des Bundespräsidenten, deren ordnungsgemäße Erfüllung durch die Präsidentenanklage überwacht werden kann.

Tatsächlich wird aber nur dann eine Präsidentenanklage zustande kommen, wenn der Bundespräsident durch eine eklatant rechtswidrige Handlung politisch untragbar wird. Für den normalen politischen Kampf ist die Präsidentenanklage ein viel zu grobes Geschütz.

Außerdem sind Fälle denkbar, in denen die Präsidentenanklage auch bei schwerwiegender Rechtswidrigkeit versagt. Ein Bundespräsident könnte rechtliche Bedenken vorschieben, um ihm mißliebige Regierungsakte zu unterbinden. Das könnte der Fall sein, wenn der Bundespräsident der Oppositionspartei angehört und sein Amt für einen Kampf gegen die Regierungspartei mißbrauchen sollte. Die Opposition wird dann gewiß nicht für eine Präsidentenanklage stimmen. Kontrolliert sie auch nur ein Drittel der Stimmen in Bundestag und Bundesrat, dann wird die zur Präsidentenanklage nötige Zweidrittelmehrheit nicht zustande kommen.

Man müßte also starke Bedenken gegen eine rechtliche Prüfungskompetenz des Bundespräsidenten anmelden, wenn es nicht die Organklage gemäß Art. 93 I Nr. 1 GG gäbe. Das Bundesverfassungsgericht könnte in diesem Verfahren auf Antrag der Bundesregierung feststellen, daß der von ihr gewünschte Regierungsakt rechtlich einwandfrei ist und daß der Bundespräsident ihn unterzeichnen muß, weil ihm eine sachliche Prüfungskompetenz nicht zusteht. Die Organklage ermöglicht einen Nachvollzug der rechtlichen Prüfung des Bundespräsidenten. Diese ist also mit dem parlamentarischen System vereinbar.

Man muß sich aber davor hüten, die rechtliche Prüfungskompetenz des Bundespräsidenten mit seiner rechtlichen Verantwortlichkeit zu begründen. Das wäre eine petitio principii. Es ist ja gerade die Frage, ob der Bundespräsident dadurch rechtswidrig handelt, daß er einen fehlerhaften Regierungsakt erläßt, oder dadurch, daß er ihn nicht erläßt. Wenn er keine rechtliche Prüfungskompetenz hat, dann ist es seine Pflicht, auch fehlerhafte Regierungsakte zu erlassen. Keinesfalls macht sich der Präsident unter dieser Voraussetzung strafbar. *Genausowenig wie die Kompetenz größer sein darf als die Verantwortlichkeit, darf diese die Kompetenz übersteigen.*

Wäre dem Bundespräsidenten eine rechtliche Prüfung untersagt, dann müßte er automatisch alles unterzeichnen, was ihm die Regierung vorlegt. Er wäre dann eine Art *wandelndes Dienstsiegel* oder, um *Shaws* Bezeichnung zu verwenden, ein *Gummistempel*[11], über dessen Verwendung die Regierung entscheidet. Die „Gummistempeltheorie" ist keineswegs mit dem Begriff des Staatsoberhaupts an sich unvereinbar; denn sonst könnte man etwa die englische Königin, die keine rechtliche Prüfungskompetenz hat, nicht als Staatsoberhaupt bezeichnen.

Nach der Gummistempeltheorie gäbe es nur ein mögliches Delikt, das den Bundespräsidenten der Präsidentenanklage oder der Organklage aussetzen könnte: wenn er nämlich etwas nicht tut, was die Bundesregierung will, oder es gar wagt, etwas zu tun, was diese als unerwünscht bezeichnet hat. Eine solche Interpretation hieße aber dem Wortlaut des Art. 61 GG Gewalt antun.

Deshalb ist bisher weder in der staatsrechtlichen Literatur noch in der politischen Praxis die rechtliche Prüfungsbefugnis des Bundespräsidenten gegenüber Regierungsakten ernsthaft in Frage gestellt worden. Der Bundespräsident darf den Erlaß eines Regierungsakts sowohl wegen formeller als auch wegen materieller Rechtswidrigkeit ablehnen.

Eine Einschränkung der Prüfung des Bundespräsidenten ergibt sich nur daraus, daß dieser nur wegen *vorsätzlicher* Gesetzesverletzung angeklagt werden kann. Er kann sich daher normalerweise auf die Rechtmäßigkeit der Vorschläge der Bundesregierung verlassen. Hat er jedoch Bedenken oder werden diese an ihn herangetragen, dann muß er prüfen. Ist das Bundespräsidialamt mit dieser Prüfung überfordert, so kann er einen Minister oder auch einen Sachverständigen zu Rate ziehen. Kommt der Bundespräsident dann zu der Überzeugung, daß der Regierungsakt rechtswidrig ist, dann darf er ihn nicht erlassen. Man

---

[11] *Bernard Shaw:* The Apple Cart. A political Extravaganza, Harmondsworth, Middlesex, England, 1964, S. 43 ff., 51.

sollte daher nicht von einem Prüfungsrecht sprechen, das der Bundespräsident nach Belieben anwenden kann, sondern von einer Prüfungskompetenz oder -befugnis.

3. Der Bundespräsident hat keine sachliche Prüfungskompetenz

a) Die Zuständigkeit der Bundesregierung

Art. 65 GG behandelt die Kompetenzen des Bundeskanzlers, der Bundesminister und des Kabinetts. In diesem Zusammenhang interessiert nur die Summe dieser Zuständigkeiten, nicht deren Abgrenzung untereinander. Hätte der Bundespräsident eine sachliche Prüfungsbefugnis, dann könnte weder der Bundeskanzler die Richtlinien der Politik bestimmen noch ein Bundesminister seinen Geschäftsbereich selbständig leiten.

Art. 65 GG ist nicht als lex generalis aufzufassen, die von Spezialvorschriften wie den Art. 59 I, 60 und 64 I GG derogiert wird, sondern er nennt den *materiellen* Aktautor. Bestimmt ein Grundgesetzartikel oder Gesetz für eine Tätigkeit im Rahmen des Art. 65 GG den Erlaß durch den Bundespräsidenten, dann wird dieser *formeller* Aktautor. Gemäß Art. 58 GG ist der Regierungsakt von formellem und materiellem Aktautor zu unterzeichnen. Fehlt dem Bundespräsidenten die Zuständigkeit zum formellen Erlaß, dann ergeht ein *einfacher Regierungsakt.*

Wenn es dem Reichskanzler wegen der Amtsausstattung des Reichspräsidenten unmöglich war, seine Richtlinienkompetenz voll zur Geltung zu bringen, dann darf man aus dem gleichen Wortlaut der Art. 56 WRV und 65 GG nicht auf den Fortbestand dieser Inkonsequenz schließen. Diese hatte ihren Grund vielmehr in anderen, inzwischen nicht mehr bestehenden Verfassungsbestimmungen, insbesondere dem Recht des Reichspräsidenten zur Entlassung des Reichskanzlers (Art. 53 WRV), das den Reichskanzler rein faktisch vom Vertrauen des Reichspräsidenten abhängig machte.

b) Der Bundespräsident ist nicht politisch verantwortlich

Art. 65 GG bestimmt nicht nur die *Zuständigkeit,* sondern auch die *Verantwortlichkeit* der Bundesregierung. Wäre der Bundespräsident berechtigt, durch ein Veto in die Kompetenz der Regierung einzugreifen, dann wäre auch dafür gemäß Art. 65 GG die Bundesregierung verantwortlich. *Ihre Verantwortlichkeit überstiege also ihre Kompetenz;* sie wäre parlamentarischer Prügelknabe für präsidiale Entscheidungen.

Der Bundespräsident könnte jedoch für sein Veto nicht zur Verantwortung gezogen werden, weil er politisch nicht verantwortlich ist. *Er kann deshalb keine sachliche Prüfungskompetenz haben*[12].

Im übrigen ist das präsidiale Veto endgültig. Eine Korrektur ist auch dann nicht möglich, wenn die überwiegende Mehrheit der Wähler und Parteien das präsidiale Veto mißbilligt. Ein verfassungsgerichtliches Verfahren hat keine Aussicht auf Erfolg, wenn wir unterstellen, daß der Bundespräsident eine sachliche Prüfungskompetenz hat.

c) Die demokratische Legitimation

Eine sachliche Prüfungsbefugnis des Bundespräsidenten würde eine demokratische Legitimation voraussetzen, die der des Bundestags und der Bundesregierung gleichwertig ist. Nach dem Prinzip der Volkssouveränität liegt die stärkste Entscheidungsgewalt beim Volk, das sie direkt auf den Bundestag delegiert. Der Bundespräsident besitzt nur eine *indirekte Legitimation;* denn er wird von Parlamentariern gewählt, die selbst nicht danach bestimmt wurden, wen sie wohl zum Bundespräsidenten wählen würden. Der Bundeskanzler besitzt jedoch wegen des plebiszitären Charakters der Bundestagswahl[13] praktisch auch eine *direkte Legitimation* durch das Volk[14].

Dem Bundespräsidenten fehlt eine der Bundesregierung gleichwertige demokratische Legitimation, auf die sich eine sachliche Prüfungskompetenz stützen könnte. Sie könnte nur durch die Volkswahl des Bundespräsidenten geschaffen werden. Andererseits hätte diese keinen Sinn, wenn man dem Bundespräsidenten nicht gleichzeitig eine sachliche Prüfungsbefugnis einräumen würde. Dadurch würde das reine parlamentarische System des Grundgesetzes in ein Mischsystem nach dem Muster der Weimarer Reichsverfassung oder der Verfassung der zweiten spanischen Republik verwandelt[15].

4. Zusammenfassung

Als Zwischenergebnis dieser Arbeit ist festzuhalten: Die Gegenzeichnungsliteratur irrt, wenn sie aus der Formulierung „Anordnungen und

---

[12] *Günther Gillessen:* Welche Befugnisse hat der Bundespräsident, in: Frankfurter Allgemeine Zeitung v. 22. April 1959, S. 11; *Hall,* a.a.O., S. 307; *Hartmut Maurer,* a.a.O., S. 671.

[13] Die Parteien stellen ihren Kanzlerkandidaten so stark heraus, daß die Stimmen eher diesem als der Partei zuzurechnen sind.

[14] *Hartmut Maurer,* a.a.O., S. 670.

[15] Vgl. oben I, 2, b.

Verfügungen des Bundespräsidenten" (Art. 58 GG) schließt, daß der
Bundespräsident anordnet und verfügt. Abgesehen von der Ordensverleihung und der Genehmigung zur Annahme ausländischer Orden[16] *ist
nicht der Bundespräsident, sondern die Bundesregierung der materielle
Autor der Regierungsakte.* Ein aktives politisches Handeln des Bundespräsidenten ließe sich auch nicht mit dem parlamentarischen System
vereinbaren.

Die „Anordnungen und Verfügungen des Bundespräsidenten" sind
kein eigener Tätigkeitsbereich des Staatsoberhaupts. Sie sind mit dem
Teil der Akte der Regierung identisch, deren formeller Erlaß durch den
Bundespräsidenten erfolgt. Wenn das Grundgesetz dem Bundespräsidenten eine Kompetenz zuweist, dann ist damit der formelle Erlaß von
Akten gemeint, über deren politischen Inhalt laut Art. 65 GG die Bundesregierung entscheidet.

Deshalb bedeutet Gegenzeichnen nicht mehr wie im konstitutionellen
System das Billigen fremder Handlungen. *Gegenzeichnen ist Handeln;
Unterzeichnen ist der formelle Erlaß des vom Gegenzeichner vorbereiteten Regierungsakts.* Unter diesen Bedingungen ist nicht mehr das
Gegenzeichnungsverweigerungsrecht der Regierung von Interesse, sondern die präsidiale Prüfungskompetenz. *Der Bundespräsident hat gegenüber allen ,Regierungsakten zwar eine rechtliche, aber keine sachliche Prüfungsbefugnis.*

Die folgenden Ausführungen bauen auf diesem Zwischenergebnis
auf. Je besser der Leser mit der Gegenzeichnungsliteratur vertraut ist,
um so mehr besteht die Gefahr, daß er die folgenden Ausführungen im
Rahmen der dort allgemein anerkannten Anschauungen sieht. In diesem Rahmen gesehen, würde das Folgende jedoch nicht recht verständlich werden. Es ist als Versuch zu verstehen, *das hier erarbeitete Zwischenergebnis auf die noch offenen Fragen anzuwenden.*

---

[16] s. oben V, 3, b, aa und bb.

VII. Formelle Gegenzeichnung und formlose Billigung

1. Nicht-schriftliche Akte

Bisher wurde davon ausgegangen, daß Regierungsakte schriftlich erfolgen; denn nur in diesem Fall ist eine formelle Gegenzeichnung möglich. Nicht möglich ist sie bei Reden sowie dem amtlichen Auftreten des Staatsoberhaupts[1]. Sie ist nicht üblich bei Briefen, Glückwunschtelegrammen[2] und anderen schriftlichen Akten, bei denen eine Gültigkeit nicht in Betracht kommt, weil sie keine Rechtswirkungen haben. Daß sie erhebliche politische Folgen haben können, zeigen bereits einige historische Fälle.

---

[1] Darunter ist z. B. das Verhalten gegenüber ausländischen Politikern zu verstehen. Bundespräsident *Lübke* soll sich etwa im März 1966 geweigert haben, anläßlich eines Staatsbesuches in Togo dem Oberstleutnant *Eyadema* die Hand zu geben, weil er ihn für die Ermordung des Präsidenten *Sylvanus Olympio* verantwortlich machte (vgl. Der Spiegel Nr. 12 v. 14. März 1966, S. 33). Ein Eklat wurde vermieden, weil der Bundespräsident bei seiner Ankunft einen Verband an der rechten Hand trug — wahrscheinlich infolge einer echten Verletzung. Bei späterer Gelegenheit soll er übrigens Eyadema die Hand gegeben haben.
Sollten die Meldungen über eine Weigerung des Bundespräsidenten zutreffen, so hätte eine Brüskierung Eyademas für die Bundesrepublik negative Folgen haben können. Im Januar 1967 wurde Eyadema durch Staatsstreich Staatsoberhaupt und Regierungschef, eine Entwicklung, die nicht ganz überraschend kam. Das Auswärtige Amt hat sich wohl auch aus diesem Grund bemüht, den Bundespräsidenten von seiner Weigerung abzubringen.

[2] Diese werden bei ausländischen Adressaten in der Regel im Auswärtigen Amt aufgesetzt und dann zur Prüfung dem Bundespräsidialamt zugeleitet. So war auch der Verwaltungsablauf beim Kondolenztelegramm an die „Witwe" Jean Cocteaus. Da diese Dame aus allgemein bekannten Gründen nicht existierte, wurde Bundespräsident Lübke im In- und Ausland verspottet. *Winkler* (a.a.O., S. 53 Anm. 82) spricht von einer Panne des Bundespräsidialamtes, für das der Bundespräsident die Verantwortung trägt. Ihm ist offenbar die Mitwirkung des Auswärtigen Amts unbekannt.
M. E. ist die Verspottung des Bundespräsidenten nicht gerechtfertigt. Die Panne ist im Auswärtigen Amt passiert. Das Bundespräsidialamt konnte sich darauf verlassen, daß das Auswärtige Amt geprüft hatte, ob der Adressat des Telegramms überhaupt existiert. Es wäre guter Stil gewesen, wenn das Auswärtige Amt die Verantwortung für seinen Fehler selbst übernommen und den Spott nicht durch Schweigen auf den Bundespräsidenten abgeleitet hätte.
Dieser Fall zeigt — ebenso wie die im Folgenden beschriebene Daily-Telegraph-Affäre, daß das Staatsoberhaupt auch mit ungerechten Vorwürfen rechnen muß, wenn seine Amtsführung erst einmal ins Kreuzfeuer der öffentlichen Kritik geraten ist.

Ein typischer Alleingang des Monarchen ist die sogenannte Swinemünder Depesche *Wilhelms II.*[3]. Im August 1902 hatte das Zentrum aus
dem bayerischen Kulturetat 100 000 Mark gestrichen, um gegen die
freisinnige Kunstpolitik der Regierung zu demonstrieren. Wilhelm II.
war über diese Maßnahme ebenso aufgebracht wie ein großer Teil der
deutschen Öffentlichkeit und bot in einem Telegramm aus Swine-
münde, in dem er von schnödem Undank der bayerischen Kammer
sprach, dem Prinzregenten *Luitpold* als Ersatz 100 000 Mark aus seinen
Privatmitteln an. Das bayerische Zentrum tobte und sprach von einer
unzulässigen Einmischung des Kaisers in bayerische Angelegenheiten.
Luitpold fand eine elegante Methode, die Spende abzulehnen, und der
Reichskanzler *v. Bülow,* der nicht informiert worden war, bezeichnete
das Telegramm als eine persönliche Angelegenheit zwischen dem Kaiser und dem Prinzregenten, mit der keine Einmischung in innerbaye-
rische Angelegenheiten bezweckt war.

Diese Darstellung ist natürlich unzutreffend. Es handelt sich um eine
Regierungshandlung des Kaisers ohne vorherige Information des
Reichskanzlers. Ob sich der Kaiser in bayerische Angelegenheiten ein-
mischen *wollte,* ist unerheblich. Er *hat* sich eingemischt. Weil man die
Einstellung der bayerischen Kammermehrheit allgemein für reaktionär
hielt[4], fand der Kaiser für seinen gutgemeinten, aber taktlosen und
staatsrechtlich unkorrekten Vorstoß ein gewisses Verständnis. Der Fall
konnte daher leicht beigelegt werden.

Bekannter wurde das Daily-Telegraph-Interview von 1908, ein Fall,
in dem der Kaiser sich zwar noch viel taktloser, dafür aber diesmal
staatsrechtlich korrekt verhalten hat. *Wilhelm II.* wollte die Politik
seiner Regierung unterstützen und das Verhältnis zu England durch
eine in der Form eines Presse-Interviews zu veröffentlichende Meinungsäußerung verbessern. Bei aller guten Absicht vergriff sich der
Kaiser derart im Ton, daß der Artikel in England und Deutschland
einen gleich katastrophalen Eindruck hinterließ[5].

Mit vollem Recht kritisierte der Reichstag diese Maßnahme. Die
Kritik richtete sich formal gegen den Reichskanzler *v. Bülow,* der die
Verantwortlichkeit nicht bestritt, aber den Eindruck entstehen ließ, er
hätte den Text gewiß nicht gebilligt, wenn er ihn gekannt hätte. Dar-

---

[3] Vgl. dazu *Ernst Rudolf Huber,* Verfassungsgeschichte, Bd. IV, S. 393.

[4] Sie erinnert an den königl. bayerischen Abgeordneten Jozef Filser, der
eine große Anfrage im Parlament wegen der „unsittlichen" Bilder in der
Pinakothek plant und nur durch ein Verbot der Fraktionsführung von seiner
eigenwilligen Rubens-Kritik abgehalten werden kann; vgl. *Ludwig Thoma,*
a.a.O., S. 83 f.

[5] Zur Daily-Telegraph-Affäre vgl. *Ernst Rudolf Huber,* Verfassungsgeschichte, Bd. IV, S. 302—312.

aufhin tadelte man unverhüllt den Kaiser und sein „persönliches Regiment".

Tatsächlich stellt der Text des Interviews den politischen Fähigkeiten des Kaisers ein denkbar schlechtes Zeugnis aus. Staatsrechtlich unkorrekt hätte dieser aber nur gehandelt, wenn er den Reichskanzler nicht ausreichend und rechtzeitig informiert hätte. Das ist aber geschehen — im Gegensatz zu Bülows Behauptung. Bülow gab später an, den Text nicht gelesen zu haben. Er schickte das Interview mit „seinen" Änderungen (sie stammten von einem untergeordneten Beamten des Auswärtigen Amts) an den Kaiser zurück, der eine Zustimmung des Reichskanzlers annehmen mußte[6]. Das Verhalten des Kanzlers ist unverständlich; denn er wurde auf die Notwendigkeit einer Korrektur hingewiesen. Außerdem hätte er wissen müssen, daß der Kaiser zu außenpolitischen Taktlosigkeiten neigte.

Ob der Kanzler den Text billigte oder beim Kaiser grob fahrlässig diesen Eindruck erweckte, bleibt sich gleich. Da der Kaiser seiner verfassungsmäßigen Informationspflicht Genüge getan hat, hätte die ganze Verantwortung den Kanzler treffen müssen. Daß Bülow sich dieser Pflicht entzog, ist schärfstens zu mißbilligen.

Am 22. Mai 1926 sprach sich Reichspräsident v. *Hindenburg* in einem Brief an den früheren preußischen Minister v. *Loebell* gegen den geplanten Volksentscheid über die entschädigungslose Enteignung der Fürstenhäuser aus[7]. Da der Brief zum Zweck der Veröffentlichung abgefaßt wurde[8], ist er als amtliche Stellungnahme und nicht als private Meinungsäußerung des Reichspräsidenten zu werten. Er wurde in der Öffentlichkeit stark beachtet und führte auch zu parlamentarischen Anfragen. Reichskanzler *Marx* sprach im Reichstag — ähnlich wie *Bülow* aus Anlaß der Swinemünder Depesche — von einer persönlichen Meinungsäußerung des Reichspräsidenten, die keiner Gegenzeichnung bedürfe[9]. Diese Darstellung ist zwar nicht ungeschickt, staatsrechtlich aber unhaltbar.

2. Analoge Anwendung des Art. 58 GG

Diese Beispiele zeigen, daß auch solche Regierungsakte erhebliche politische Wirkungen haben können, die einer formellen Gegenzeich-

---

[6] Vgl. *Ernst Rudolf Huber*, a.a.O., S. 304 f.

[7] Text des Briefes bei *Fritz Poetzsch-Heffter:* Vom Staatsleben unter der Weimarer Verfassung, II. Teil, in: JÖR, Bd. 17, Tübingen 1929, S. 88 f.

[8] *Peter Haungs:* Reichspräsident und parlamentarische Kabinettsregierung, Köln und Opladen 1968, S. 203.

[9] Vgl. *Ernst Rudolf Huber*, Dokumente, Bd. 3, S. 388.

nung nicht zugänglich sind. Sie dürfen daher der parlamentarischen Kontrolle nicht entzogen sein. Diese kann nur hergestellt werden, wenn das Staatsoberhaupt auch außerhalb des Bereichs der formellen Gegenzeichnung an den Willen der Regierung gebunden wird[10].

Fraglich ist nur, ob sich das direkt aus Art. 58 GG folgern läßt, indem man den Begriff der Gegenzeichnung so ausdehnt, daß er auch die Billigung nicht-schriftlicher Handlungen umfaßt[11] oder ob man von einer analogen Ausweitung des Art. 58 GG sprechen und die formelle Gegenzeichnung streng von der nicht formgebundenen Billigung trennen soll[12]. Beide Thesen unterscheiden sich in der Sache nicht; eine Trennung von formeller Gegenzeichnung und formloser Billigung ist jedoch aus Gründen der begrifflichen Klarheit vorzuziehen.

3. Der Zeitpunkt der Billigung

Die Billigung kann im voraus ausgesprochen werden, wenn der Bundespräsident etwa eine wichtige Rede im Konzept der Bundesregierung vorlegt. Meistens erfolgt die Zustimmung jedoch nachträglich, und zwar einfach dadurch, daß sich die Bundesregierung nicht von der fraglichen Handlung des Bundespräsidenten distanziert. Der Bundespräsident muß sein Verhalten so einrichten, daß es von der Bundesregierung vermutlich gebilligt wird. Das dürfte ihm nicht schwerfallen; denn gemäß § 5 GOBReg wird er vom Bundeskanzler über die Politik der Bundesregierung informiert. Außerdem nimmt sein Staatssekretär an den Sitzungen des Bundeskabinetts teil. Es ist daher höchst unwahrscheinlich, daß der Bundespräsident aus Versehen in Widerspruch zur Politik der Bundesregierung geraten kann.

Es ist denkbar, daß die Bundesregierung einer Rede des Bundespräsidenten bei vorheriger Anfrage nicht zugestimmt hätte, daß sie sich jedoch nachträglich nicht von ihr distanziert. Vorherige und nachträgliche Billigung sind daher nicht gleichwertig. Es gibt jedoch keine Pflicht zur nachträglichen Billigung oder Verantwortungsübernahme durch die Bundesregierung.

In die Vorbereitung von Reden gegenüber Ausländern ist übrigens das Auswärtige Amt in weit stärkerem Maße eingeschaltet, als gemeinhin angenommen wird. Das Redekonzept des Bundespräsidenten bei der Übergabe von Beglaubigungsschreiben wird vom Auswärtigen Amt

---

[10] *Amphoux*, a.a.O., S. 363; *Pöttgen*, a.a.O., S. 23 f.; *Theodor Eschenburg:* Lübkes Reden. Des Bundespräsidenten Pflichten, in: Die Zeit Nr. 3 v. 15. Januar 1965, S. 2.

[11] *Servatius*, a.a.O., S. 33.

[12] *Kastner*, a.a.O., S. 61 f.

ausgearbeitet und vom Bundespräsidenten wörtlich abgelesen. Selbstverständlich hat dieser die Möglichkeit, Streichungen und Änderungen an „seiner" Rede zu verlangen. Für die Reden und Gespräche des Bundespräsidenten anläßlich von Staatsbesuchen übermittelt das Auswärtige Amt Vorschläge. Diese orientieren den Bundespräsidenten über die Politik der Regierung und stecken den Rahmen für sein Auftreten ab.

4. Die Bundesregierung verweigert die Billigung

Wenn die Bundesregierung ihre Zustimmung verweigert, dann dürfte das den Bundespräsidenten nicht unerwartet treffen. Da es im eigenen Interesse der Bundesregierung liegt, den Bundespräsidenten über ihre Politik gut zu informieren, muß davon ausgegangen werden, daß dieser eine Verweigerung der Zustimmung für möglich halten mußte, trotzdem aber vorher nicht rückgefragt hat. Möglicherweise hat er auch vorsätzlich die Regierungspolitik durchkreuzt.

Die überwiegende Lehre löst das hier auftretende Problem, indem sie den *Rücktritt des Bundeskanzlers oder des zuständigen Ministers* fordert[13], bzw. — das ist nur eine andere Formulierung — indem sie das Verbleiben im Amt als Billigung wertet[14]. Bisweilen wird der Rücktritt nur für krasse Fälle gefordert. Andernfalls soll einfacher Protest genügen[15].

Man stellt also die Bundesregierung vor die Alternative, die parlamentarische Verantwortung für von ihr nicht gebilligte Akte des Präsidenten zu übernehmen oder zurückzutreten. Nehmen wir einmal an, der Bundespräsident trete in einer Rede für ein außenpolitisches Konzept ein, das dem der Regierung widerspricht. Die Regierung bleibt im Amt. Im Bundestag wird die Frage gestellt, ob die Bundesregierung die Rede des Staatsoberhaupts billige. Der Bundesaußenminister bejaht das. Er wird in einer Zusatzfrage darauf aufmerksam gemacht, daß die Rede des Bundespräsidenten mit der Regierungserklärung des Bundeskanzlers unvereinbar sei. Ob die Bundesregierung ihren außenpoli-

---

[13] *Servatius*, a.a.O., S. 85 ff., 90; *Karl-Heinz Wasser:* Die Stellung des Bundespräsidenten nach dem Grundgesetz für die Bundesrepublik Deutschland, Diss. Köln 1951, S. 96.

[14] *Acker*, a.a.O., S. 50; *Amphoux*, a.a.O., S. 364; *v. Mangoldt*, Grundgesetz, S. 314; *Friedrich Giese* und *Egon Schunck:* Grundgesetz für die Bundesrepublik Deutschland, 7. Aufl., Frankfurt 1965, S. 128; *Jaeger*, Diss. München 1948, S. 28; *Hermann Rossner:* Die rechtliche Stellung des Bundespräsidenten nach dem Bonner Grundgesetz, Diss. Erlangen 1950, S. 44; *Wasser*, a.a.O., S. 95; *Wedego v. Wedel:* Rechte und Pflichten des Bundespräsidenten nach dem Bonner Grundgesetz vom 23. Mai 1949, Diss. Innsbruck 1965, S. 99.

[15] *Pöttgen*, a.a.O., S. 26 ff.

tischen Kurs geändert habe? Der Minister antwortet wahrheitsgemäß
mit Nein und steht der Frage gegenüber, wieso er dann die Rede des
Bundespräsidenten billigen könne.

Diese Komödie ist der „Erfolg", der mit der Rücktrittsverpflichtung
erreicht werden soll. Wenn sich die Bundesregierung dazu hergibt, vor
dem Bundestag den Prügelknaben des Bundespräsidenten zu spielen,
dann ist damit niemandem gedient. Die politische Linie der Regierung
wird unglaubwürdig. Das Prinzip, daß politische Entscheidungen vor
dem Bundestag verantwortet werden müssen, ist nur formal gewahrt;
denn die Kritik kann nicht dem Aktautor gegenüber geltend gemacht
werden.

Es bliebe als Alternative der Rücktritt der Regierung. Für das
rechtswidrige Verhalten eines anderen zu büßen, ist eine geradezu
groteske Handlungsweise für den Regierungschef in einer parlamentarischen Demokratie. Der Schaden, der dem Staat durch das Verhalten
des Präsidenten zugefügt wurde, wird nun noch durch eine Regierungskrise vergrößert. Durch dieses kaum noch angemessene Mittel wird
aber der erstrebte Zweck, nämlich die Übernahme der parlamentarischen Verantwortlichkeit für den Präsidialakt, nicht einmal erreicht.
Wenn das Staatsoberhaupt einen Regierungschef seiner Wahl ernennen
kann, dann mag es sich nach dem Rücktritt der Regierung einen Politiker suchen, der den Präsidialakt billigt[16]. Was ist aber gewonnen,
wenn der vom Bundestag gewählte neue Bundeskanzler die Verantwortung ebenfalls nicht übernehmen will?

Die Alternative zwischen erzwungener Billigung und Rücktritt ist
keine Lösung. Wenn die Regierung die Verantwortung ablehnt, bleibt
die Verantwortung beim Bundespräsidenten[17]. Da dieser politisch nicht
verantwortlich ist, kann nur die staatsrechtliche Verantwortung geltend gemacht werden. Eine Präsidentenanklage oder Organklage ist
möglich, weil das Staatsoberhaupt sich über Art. 58 GG hinweggesetzt
hat. Kann man sich — was die Regel sein wird — nicht zu einer Klage
entschließen, dann wird die Verantwortung für die Akte des Präsidenten nicht geltend gemacht. Der Bundespräsident verliert aber durch das
öffentliche Echo auf seine Handlungen seine Autorität als neutrale
Kraft, die über dem Streit der Parteien steht.

---

[16] Das konnte etwa der Reichspräsident.
[17] Ähnlich *Kastner*, a.a.O., S. 157, der jedoch eine *parlamentarische* Verantwortlichkeit des Bundespräsidenten annimmt.

5. Zuwiderhandlungen des Bundespräsidenten gegen die Politik der Bundesregierung

Es widerspricht dem Sinn seines Amtes gleichermaßen, wenn sich der Bundespräsident für oder gegen eine politische Richtung innerhalb des Rahmens der von den demokratischen Parteien vertretenen Meinungen ausspricht. Er ist der Präsident der Regierung und der Opposition, nicht aber der Präsident derer, die auf einen Umsturz des parlamentarischen Systems hinarbeiten.

Am stärksten ist die Loyalitätsverpflichtung des Bundespräsidenten gegenüber der Bundesregierung. Er darf sich auf keinen Fall gegen ihre Politik aussprechen. Das bedeutet jedoch nicht, daß er die Regierung unterstützen muß[18]. Zu umstrittenen Maßnahmen der Bundesregierung sollte er besser schweigen, besonders, wenn es sich um noch nicht verabschiedete Gesetzesvorlagen handelt[19].

Wenn ein Bundespräsident der Bundesregierung vor der Öffentlichkeit Ratschläge erteilt und an ihrer Außenpolitik Kritik übt, dann ist das eine krasse Fehldeutung seines Amtes[20]. Er hat zwar das Recht und die Pflicht, die Fronten zu klären und den Weg für die Regierungsbildung freizumachen. Wenn er jedoch versucht, die Regierungsbildung in eine bestimmte Richtung zu lenken, solange sich die Fronten nicht gebildet haben[21], dann kann das als ein Versuch gewertet werden, die Ablösung der amtierenden Regierung vorzubereiten[22]. Das zählt jedoch nicht zu den Amtspflichten des Bundespräsidenten. Es kann noch weniger gebilligt werden, wenn der Bundespräsident seinem Mißtrauen gegen die amtierende Regierung in einem Zeitungsinterview Ausdruck

---

[18] *Walter Leisner:* Le Président de la République et le Gouvernement dans la Constitution de Bonn, in: Revue du droit public et de la Science politique en France et à l'Etranger, 1958, S. 1068.

[19] Auf dem 7. Ordentlichen Bundeskongreß des Deutschen Gewerkschaftsbundes in Berlin im Mai 1966 appellierte Bundespräsident *Lübke* an die Gewerkschaften, bei der Erarbeitung einer Notstandsgesetzgebung mitzuwirken. Obwohl die Rede maßvoll und m. E. vom staatsrechtlichen Standpunkt aus nicht zu beanstanden war, rief sie laut Protokoll viermal Unruhe unter den Zuhörern hervor; vgl. Deutscher Gewerkschaftsbund (Hrsg.): 7. Ordentlicher Bundeskongreß, Berlin, 9. bis 14. Mai 1966, Protokoll, o.O. (Düsseldorf), o.J., S. 10—13.

[20] Zur Neujahrsansprache Bundespräsident *Lübkes* v. 6. Januar 1965 vgl. *Theodor Eschenburg:* Lübkes Reden, in: Die Zeit v. 15. Januar 1965, S. 1 f.; ders.: Zur politischen Praxis in der Bundesrepublik, Bd. II, S. 265.

[21] Bundespräsident *Lübke* versuchte durch Briefe an die vier Parteivorsitzenden vom 16. September 1965 (drei Tage vor der Bundestagswahl) Einfluß auf die Person des neuen Bundeskanzlers zu nehmen; vgl. *Winkler,* a.a.O., S. 33, 74.

[22] *Eschenburg,* Zur politischen Praxis, Bd. II, S. 265.

verleiht[23]. Eine solche Haltung kann zu einer öffentlichen Auseinandersetzung zwischen Staatsoberhaupt und Regierungschef führen[24].

Die Bundesregierung kann angesichts derartiger Vorkommnisse unter Berufung auf Art. 58 GG fordern, daß der Bundespräsident das Konzept seiner Reden zur Gegenzeichnung vorlegt[25]. Das ist entbehrlich, wenn sich der Bundespräsident vor Augen hält, daß ihm Zuwiderhandlungen gegen die Politik der Bundesregierung verboten sind. In den oben angeführten Fällen hätte es dem Bundespräsidenten auch ohne Rückfrage klar sein müssen, daß eine Billigung seiner Handlungen durch die Bundesregierung nicht zu erwarten war.

6. Die Billigung von Unterlassungen des Bundespräsidenten

Eine wichtige Gruppe von Akten, die der formellen Gegenzeichnung nicht zugänglich sind, sind die negativen Akte oder Unterlassungen des Bundespräsidenten. Da die Initiative zum Erlaß von Regierungsakten fast ausschließlich bei der Bundesregierung liegt, ist ein negativer Akt praktisch eine Weigerung des Bundespräsidenten, einen von der Bundesregierung vorgeschlagenen Regierungsakt zu erlassen. Wir haben diese Frage bereits unter dem Aspekt der präsidialen Prüfungsbefugnisse behandelt[26]. Unser Ergebnis, übersetzt in die Gegenzeichnungsterminologie, lautet: Unterlassungen des Bundespräsidenten müssen von der Bundesregierung gebilligt werden, es sei denn, der Bundespräsident macht rechtliche Bedenken geltend. Praktisch heißt das, daß der Bundespräsident die Bundesregierung ersuchen kann, auf den vorgeschlagenen Regierungsakt zu verzichten, mit anderen Worten, die von ihm geplante Unterlassung, d. h. die Weigerung, den Regierungsakt zu erlassen, zu billigen. Falls es dem Bundespräsidenten nicht gelingt, die Bundesregierung zu überzeugen, wird diese der geplanten Unterlassung nicht zustimmen und den Bundespräsidenten dadurch zwingen, den Akt zu erlassen.

Die überwiegende Lehre hält jedoch Unterlassungen nicht für billigungspflichtig oder spricht ihnen — was den gleichen Effekt hat —

---

[23] *Fritz René Allemann:* Besuch beim Bundespräsidenten, in: Die Weltwoche, Zürich, Nr. 1676 v. 24. Dezember 1965, S. 9; auszugsweise abgedruckt bei: *Winkler,* a.a.O., S. 82 f.; vgl. dazu *Theodor Eschenburg,* a.a.O., S. 262 ff.; *Ingo v. Münch:* Übungsfälle zum Staatsrecht, Verwaltungsrecht, Völkerrecht, Bad Homburg v. d. H., Berlin, Zürich 1967, S. 72 ff.

[24] Zum Neujahrsempfang des Bundespräsidenten vom 4. Januar 1966 vgl. *Eschenburg,* a.a.O., S. 266 f.; *Winkler,* a.a.O., S. 33 f.

[25] *Eschenburg,* a.a.O., S. 265.

[26] s. oben VI, 2 u. 3.

die Eigenschaft einer „Anordnung und Verfügung" ab[27]. Offenbar ist man der Ansicht, Verantwortung brauche nur für positives Tun übernommen zu werden. Bei bloßem Untätigbleiben bestehe kein Bedarf, eine Verantwortlichkeit geltend zu machen; denn es geschehe ja nichts.

Wäre das richtig, dann dürfte die Opposition der Regierung ihre Versäumnisse nicht zum Vorwurf machen. Es ist jedoch noch keinem Minister eingefallen, dem Bundestag dieses Recht abzusprechen. Das Bedürfnis nach Verantwortungsübernahme besteht unabhängig davon, ob ein Versäumnis der Bundesregierung oder ein Untätigbleiben des Bundespräsidenten vorliegt, das nach seinem politischen Gehalt eher als unüberwindliches Veto zu bezeichnen wäre.

Man sollte die Verantwortlichkeit nicht auf positives Tun beziehen, sondern auf jede politische Entscheidung, unabhängig davon, ob ihr Ergebnis eine Handlung oder eine Unterlassung ist[28, 29]. Nur so kann eine lückenlose Kontrolle des Bundestags über die Exekutive gewährleistet werden.

Einige Autoren glauben, diesen Einwänden Rechnung zu tragen, indem sie die Bundesregierung vor die Alternative stellen, das präsidiale Veto zu billigen oder zurückzutreten[30]. Die untragbaren Konsequenzen dieser Ansicht wurden oben hinreichend beschrieben[31].

---

[27] *Albert,* a.a.O., S. 26 f., 123; *Norbert Bollendorff:* Die Staatsoberhäupter in der Bundesrepublik und in Frankreich bis zum Ende der 4. Republik, Diss. Würzburg 1965, S. 101; *Peter Busse:* Die Ernennung der Bundesrichter durch den Bundespräsidenten, in: DÖV 1965, S. 475 f.; *Eschenburg,* Staat und Gesellschaft in Deutschland, S. 646; *Hamann,* Grundgesetz, S. 305; *Maunz,* in: *Theodor Maunz* und *Günter Dürig:* Grundgesetz, Kommentar, München u. Berlin 1958 ff., Art. 58 Rdn. 8; *Theodor Maunz:* Deutsches Staatsrecht, 16. Aufl., München 1968, S. 344; *Eberhard Menzel,* in: Bonner Kommentar zum Grundgesetz, Hamburg 1950 ff., Art. 58 Erl. II 4 b (Menzel ist insofern widersprüchlich, als er [Erl. II 3 b] für die Weigerung des Bundespräsidenten aus persönlichen Gründen, einen ausländischen Diplomaten zu empfangen, die Billigung der Bundesregierung fordert und offenbar übersieht, daß das eine Unterlassung ist.); *Nawiasky,* DÖV 1950, S. 161; *Fritz Roß:* Die staatsrechtliche Stellung des Staatsoberhauptes nach der Weimarer Verfassung vom 11. August 1919 und dem Grundgesetz für die Bundesrepublik Deutschland vom 23. Mai 1949, Diss. Würzburg 1962, S. 483; *Adolf Schüle:* Oberbefehl, Personalausschuß, Staatsnotstand, in: JZ 1955, S. 466.

[28] *Maunz,* in: *Maunz - Dürig,* a.a.O., Art. 64 Rdn. 1, bemerkt zutreffend, eine Ministerernennung und deren Ablehnung seien gleich zu behandeln. Bei der Beamtenernennung (Art. 60 Rdn. 3) weicht er jedoch von diesem Grundsatz ab.

[29] *Hartmut Maurer,* a.a.O., S. 671 Anm. 25, weist darauf hin, daß die Grenze zwischen positiven und negativen Akten kaum zu ziehen ist, wenn man etwa an eine schriftlich erfolgende Weigerung denkt.

[30] *Acker,* a.a.O., S. 50; *Servatius,* a.a.O., S. 30, 44, 85; *v. Wedel,* a.a.O., S. 99.

[31] s. oben VII, 4.

Für die hier vertretene Ansicht, daß negative Akte des Bundespräsidenten der Billigung durch die Bundesregierung bedürfen und daß diese Billigung durchaus verweigert werden kann, sprechen sich nur wenige Autoren unmißverständlich aus[32].

7. Rücktritt des Bundespräsidenten?

Wenn sich zwei Inhaber politischer Ämter, die beim Zustandekommen eines Regierungsakts tätig werden müssen, nicht einigen können, dann kann dieser Konflikt dadurch gelöst werden, daß einer von beiden zurücktritt. Der Rücktritt des Bundeskanzlers ist von der Literatur mehrfach als Lösung empfohlen worden[33], konnte aber nicht ganz überzeugen. Eigenartigerweise findet sich nirgends die These, der Bundespräsident habe zurückzutreten, obwohl es doch naheläge, daß der demokratisch schwächer legitimierte Amtsinhaber nachzugeben hat.

Tatsächlich war es im Staatsrecht der III. französischen Republik allgemeine Überzeugung, daß der Staatspräsident entweder unterzeichnen oder zurücktreten muß[34]. 1923 kritisierte der Premierminister Poincaré den Vertrag von Versailles, den er selbst als Präsident unterzeichnet hatte. Er gab zu, daß er nicht einverstanden war, aber unterschreiben mußte[35].

Auch ein Bundespräsident müßte bei Verweigerung der Unterschrift zurücktreten, wenn er nicht riskieren will, daß das Bundesverfassungsgericht auf Antrag der Bundesregierung seine Pflicht zur Unterzeichnung feststellt. Wenn die Beteiligten eine Präsidentenkrise vermeiden wollen, besteht auch die Möglichkeit, daß der Bundespräsident einen „Urlaub" antritt, während dessen der Bundesratspräsident das umstrittene Dokument in Vertretung unterzeichnet.

---

[32] *Amphoux*, a.a.O., S. 363; *Kastner*, a.a.O., S. 71; *Hartmut Maurer*, a.a.O., S. 671 Anm. 25; *Ignaz Seidl-Hohenveldern*: Diskussionsbeitrag, in: VVDStRL 25, S. 213.

[33] s. oben VII, 4.

[34] *Nöll v. d. Nahmer*: Reichspräsident, Reichskanzler und Reichsminister in ihrem gegenseitigen verfassungsrechtlichen Verhältnis zueinander, in: Preußisches Verwaltungs-Blatt, 48. Jahrg., Berlin 1927, S. 170; *Hans Gmelin*: Die Stellung des Präsidenten der französischen Republik und die Bedeutung der Präsidentenkrise von 1924, in: AÖR NF 8 (1925), S. 207.

[35] *Gmelin*, a.a.O., S. 213 f.

VIII. Die Befugnis zur Gegenzeichnung

1. Die Zuständigkeit innerhalb der Bundesregierung

In dieser Arbeit wurde dem Bundespräsidenten stets die Bundesregierung als Gesamtorgan gegenübergestellt[1]. Auf die Machtverteilung innerhalb der Regierung wurde nicht eingegangen. In diesem Abschnitt der Arbeit ist jedoch auch auf das Innenverhältnis der Regierung einzugehen.

Die Frage nach der Zuständigkeit bei der Gegenzeichnung darf nicht unter dem Gesichtspunkt betrachtet werden, wen der Bundespräsident zur Gegenzeichnung auffordern[2] oder wer dem Bundespräsidenten seine Gegenzeichnung anbieten darf[3]. Da die Entscheidungsvorbereitung in der Regel bei der Bundesregierung und nicht beim Bundespräsidenten liegt, wird automatisch der Minister gegenzeichnen, der nach der allgemeinen Kompetenzverteilung zuständig ist und daher die Entscheidung vorbereitet hat. Auf die Person dieses Ministers hat der Bundespräsident deshalb keinen Einfluß.

Bei Kompetenzstreitigkeiten zwischen Bundesministern muß zunächst ein persönlicher Verständigungsversuch gemacht werden (§ 17 I GOBReg). Der Bundeskanzler kann auch eine Klärung in einer Besprechung mit den beteiligten Bundesministern versuchen (§ 17 II GOBReg). Wenn keine Einigung erzielt wird, entscheidet das Bundeskabinett durch Beschluß (Art. 65 S. 3 GG, § 9 S. 2 GOBReg).

Eine Kompetenzstreitigkeit zwischen dem Bundeskanzler und einem Bundesminister ist eine Abgrenzung der Richtlinienkompetenz (Art. 65 S. 1 GG) gegenüber der Ressortkompetenz (Art. 65 S. 2 GG), die der Bundeskanzler selbst vornimmt. Obwohl man ihm hierbei einen gewissen Ermessensspielraum lassen sollte, darf er nicht willkürlich reine Ressortangelegenheiten an sich ziehen[4]. Da auch wichtige Einzelfallentscheidungen unter die Richtlinienkompetenz fallen können[5] wird dem Bundeskanzler in allen politisch bedeutenden Fällen eine fehler-

---

[1] Vgl. oben I, 1.

[2] So aber: *Pöttgen*, a.a.O., S. 34.

[3] So jedoch: *Kastner*, a.a.O., S. 104.

[4] *Junker*, a.a.O., S. 53 ff.; *Kastner*, a.a.O., S. 104; *v. Mangoldt - Klein*, a.a.O., S. 1117; *Servatius*, a.a.O., S. 62 f.; a. A. *Hamann*, Grundgesetz, S. 306.

[5] *Junker*, a.a.O., S. 51.

hafte Abgrenzung von Richtlinien- und Ressortkompetenz kaum nachzuweisen sein[6]. In unbedeutenden Fragen wird der Bundeskanzler
sowieso keinen Streit vom Zaun brechen. Nach außen ist aber aus
Gründen der Rechtssicherheit auch eine solche Gegenzeichnung
wirksam[7].

2. Die Vertretung bei der Gegenzeichnung

Ein Bundesminister kann sich bei der Gegenzeichnung nicht durch
seinen Staatssekretär, sondern nur durch einen anderen Bundesminister vertreten lassen. Das Kabinett beschließt, welcher Minister welchen im Verhinderungsfalle vertritt. Den Bundeskanzler vertritt der
gemäß Art. 69 GG ernannte Vizekanzler. Ist auch dieser verhindert, so
regelt der Bundeskanzler die Vertretung.

Bei der Gegenzeichnung wird der vertretene Minister genannt. Die
Formel lautet:

„Für den Bundesminister . . . . . .
der Bundesminister . . . . . .

— Name —"[8]

In der Literatur wird die Frage kaum behandelt, ob der vertretende
oder der vertretene Minister die parlamentarische Verantwortlichkeit
zu tragen hat. Der Tradition der Gegenzeichnung, die in diesem Akt
eine Billigung fremden Willens sieht, würde eine Verantwortlichkeit
des unterzeichnenden Ministers entsprechen[9].

Heute wird ein Regierungsakt vom zuständigen Ministerium ausgearbeitet, das unter der Leitung des vertretenen Ministers steht. Eine
eingehende Prüfung durch den vertretenden Minister ist nicht üblich,
teilweise auch gar nicht möglich, weil diesem die fachkundige Büro-
kratie und die notwendigen Informationen für eine eigene Entscheidung fehlen. Dem vertretenden Minister ist daher nur eine grobe Prüfung auf Rechtmäßigkeit und auf solche Fehler zuzumuten, die auch
ein Nichtfachmann erkennen müßte. Weiter als diese Prüfung darf
auch die Verantwortlichkeit nicht gehen.

Die Verantwortung für die Arbeit seines Hauses trägt ein Minister
auch dann, wenn er sich bei der Gegenzeichnung des dabei erarbeiteten

---

[6] *Kastner*, a.a.O., S. 105.

[7] *Servatius*, a.a.O., S. 63.

[8] § 37 IV GGO I.

[9] *Kastner*, a.a.O., S. 112; a. A. *Immanuel Matthies:* Die rechtliche Natur der
ministeriellen Gegenzeichnung (nach dem Staatsrechte Preußens und des
Deutschen Reiches), Diss. Jena 1911, S. 45.

Regierungsakts vertreten läßt. In der Regel hat er genaue Anweisungen hinterlassen, wie der Regierungsakt abzufassen ist. Führt dieser zu einer Interpellation, dann wird sie vom zuständigen Minister beantwortet und gewiß nicht von dem, der zufällig als sein Vertreter gegenzeichnete.

Wird ein Minister mit der Wahrnehmung der Geschäfte eines anderen beauftragt, dann wird er — wenn auch vorübergehend — Behördenchef und übernimmt die volle Verantwortung für sein zweites Ressort.

3. Beginn und Ende der Berechtigung zur Gegenzeichnung

Ein Mitglied der Bundesregierung ist mit dem Beginn des Amtsverhältnisses zur Gegenzeichnung berechtigt, also mit der Aushändigung der Ernennungsurkunde, oder, falls der Eid vorher geleistet worden ist, mit der Vereidigung[10].

Wenn der Bundeskanzler zurücktritt oder ein neuer Bundestag zusammentritt, wird die alte Regierung regelmäßig gemäß Art. 69 III GG mit der Weiterführung der Geschäfte bis zum Amtsantritt einer neuen Regierung beauftragt; denn die Regierungsfunktion darf nicht unterbrochen werden. Die geschäftsführende Regierung kann aber kaum noch wirksam Verantwortung übernehmen; denn sie besitzt nicht das Vertrauen des Bundestags und kann deshalb auch nicht mit Vertrauensentzug bestraft werden.

Wenn die geschäftsführende Regierung nur wenige Tage im Amt ist, wie das bisher in der Bundesrepublik die Regel war, ist das unproblematisch. In der Weimarer Republik waren immerhin drei Reichsregierungen über einen Monat lang geschäftsführend[11]. In Sachsen und Bayern dauerte dieser Übergangszustand sogar einmal über zwei Jahre[12].

---

[10] § 2 II Gesetz über die Rechtsverhältnisse der Mitglieder der Bundesregierung v. 17. Juni 1953 (BGBl. I, S. 407).

[11] Die zweite und dritte Regierung *Marx* und die erste Regierung *Luther*; vgl. *Herbert Dowie:* Die geschäftsführende Regierung im deutschen Staatsrecht, Diss. Marburg 1932/33, S. 13; *Wolf Hieronymus:* Die Stellung der geschäftsführenden Regierung im Reich und in Preußen, Diss. Marburg 1932, S. 46.

[12] *Dowie,* a.a.O., S. 15; *Fritz Poetzsch-Heffter:* Vom Staatsleben unter der Weimarer Verfassung, III. Teil, in: JÖR 21 (1933/34), S. 38 f. Es handelt sich um die Regierungen *Held* in Bayern (20. 8. 1930 bis 15. 3. 1933 geschäftsführend) und *Schieck* in Sachsen (10. 7. 1930 bis 10. 3. 1933 geschäftsführend). In den Jahren nach 1930 waren geschäftsführende Regierungen mit mehreren Monaten „Amtsdauer" in den deutschen Ländern beinahe die Regel, vgl. *Poetzsch-Heffter,* a.a.O., S. 30—37.

Daran entzündete sich zur Zeit der Weimarer Republik eine Debatte, ob die geschäftsführende Regierung eine Regierung minderen Rechts sei. Während einige Autoren gewisse Beschränkungen annehmen[13], lehnen andere jede Rechtsminderung ab[14]. Aus dieser Debatte ist der Schluß zu ziehen, daß die „laufenden Geschäfte", auf die einige Autoren[15] die geschäftsführende Regierung beschränken wollen, zur Abgrenzung allenfalls dann geeignet sind, wenn die Bildung einer neuen Regierung abzusehen ist.

Wenn eine geschäftsführende Regierung längere Zeit amtiert, dann sind die Rechte des Parlaments dadurch geschmälert, daß es diese nicht mehr sinnvoll zur Verantwortung ziehen kann. Dann ist das parlamentarische System praktisch bis zur Bildung einer vollwertigen Regierung suspendiert. Die Regierungsfunktionen müssen aber auch in diesem Fall aufrechterhalten werden; denn den Staat kann man nicht suspendieren. Eine Beschränkung der Rechte einer geschäftsführenden Bundesregierung ist daher abzulehnen[16]. Sie ist zur Gegenzeichnung ebenso befugt wie eine normale Regierung. Der Bundestag ist übrigens jederzeit in der Lage, sich auf eine neue Mehrheitsregierung zu einigen und das für alle Teile unbefriedigende Interregnum zu beenden.

---

[13] *Eduard Dreher:* Geschäftsregierung und Reichsverfassung, Diss. Leipzig 1932, S. 61, 73, 76, 80; *Dowie,* a.a.O., S. 42, 53; *Hieronymus,* a.a.O., S. 27, 30 f., 35, 37; *E. R. Huber:* Die Stellung der Geschäftsregierung in den deutschen Ländern, in: DJZ 1932, Sp. 195 ff.; *Theo Nising:* Das Recht der Gegenzeichnung bei der Reichstagsauflösung, Diss. Erlangen 1931, S. 16, 43.

[14] *Gerhard Anschütz:* Die Verfassung des Deutschen Reichs vom 11. August 1919, 4. Bear., 14. Aufl., Berlin 1933, S. 198; *Heinrich Herrfahrdt:* Der Sinn des parlamentarischen Prinzips in der Reichsverfassung, in: Zeitschrift für Politik, 18. Bd., Berlin 1929, S. 736; *Hans Nawiasky:* Geschäftsregierungen in den Ländern und Reichsverfassung, in: DJZ 1932, Sp. 519 ff.

[15] *Dreher,* a.a.O., S. 80; *Fritz Poetzsch-Heffter:* Handkommentar der Reichsverfassung vom 11. August 1919, 3. Aufl., Berlin 1928, S. 261; *Walter Tornow:* Reichstagsauflösung nach einem Mißtrauensvotum, in: Fischers Zeitschrift für Verwaltungsrecht, 66. Bd., Leipzig 1931, S. 52.

[16] In diesem Sinne neuerdings auch *Lutz,* a.a.O., S. 72—74 mit ausführlicher Begründung. Er spricht der geschäftsführenden Regierung jedoch einige Befugnisse ab, deren Ausübung durch diese unsinnig wäre (Vertrauensfrage, Bundestagsauflösung nach Art. 68 GG, Antrag auf Erklärung des Gesetzgebungsnotstands, Ministervorschlag nach Art. 64 GG), vgl. *Lutz,* a.a.O., S. 77—79.

IX. Ausnahmen von der Gegenzeichnungspflicht

Art. 58 S. 2 GG enthält keine abschließende Aufzählung der gegenzeichnungsfreien Akte. Darauf weist schon die Entstehungsgeschichte dieses Ausnahmekatalogs hin. Er wurde im Parlamentarischen Rat nicht planmäßig zusammengestellt, sondern jede der drei Ausnahmen wurde einzeln angefügt, die letzte erst wenige Tage vor der endgültigen Annahme des Grundgesetzes.

Es soll hier der Versuch gemacht werden, die gegenzeichnungsfreien Akte nach politischen Gesichtspunkten in Gruppen einzuteilen.

1. Die außerordentlichen Kompetenzen des Bundespräsidenten

Die in dieser Arbeit entwickelte Interpretation der Gegenzeichnung im Rahmen des Grundgesetzes gilt für die normalen Befugnisse des Bundespräsidenten. In bestimmten Krisensituationen fallen ihm jedoch außerordentliche Kompetenzen zu, die durch ein sachliches Prüfungsrecht oder ein Wahlrecht zwischen mehreren Alternativen gekennzeichnet sind. Die Folge ist, daß diese positiven oder negativen Akte keiner Gegenzeichnung bzw. Billigung durch die Bundesregierung unterliegen.

Die außerordentlichen Kompetenzen des Bundespräsidenten entstehen dann, wenn sich der Bundestag nicht auf einen Mehrheitskanzler einigen kann. Dieser Fall kann bei der Kanzlerwahl eintreten und dann, wenn ein Kanzler im Amt ist.

In allen anderen Notfällen überträgt das Grundgesetz die Macht nicht dem Bundespräsidenten, sondern Organen, die vom Parlament jederzeit zur Verantwortung gezogen werden können. Das sogenannte Notstandsrecht[1] enthält keine außerordentlichen Kompetenzen des Bundespräsidenten.

a) Art. 59 a GG

Es ist sehr zu begrüßen, daß bei dieser Gelegenheit der Art. 59 a GG gestrichen wurde. Es wäre nämlich kaum möglich gewesen, vernünftige

---

[1] 17. Gesetz zur Ergänzung des Grundgesetzes v. 24. Juni 1968, BGBl. I, S. 709 ff.

Gründe für diese Regelung zu finden, weil sie nicht in das vom Grundgesetz gewollte Regierungssystem hineinpaßte.

Man muß davon ausgehen, daß die Verkündung des Verteidigungsfalls nach Art. 59 a I GG ohne Gegenzeichnung erfolgte[2]. Diese Regelung ist ungefährlich, weil der Bundespräsident hier an den Beschluß des Bundestags gebunden war. Sie ist aber unlogisch, wenn man die Ähnlichkeit mit der Gesetzesausfertigung nach Art. 82 GG bedenkt. Die neue Regelung des Art. 115 a III GG trägt dem Rechnung, indem sie sich ausdrücklich auf Art. 82 GG bezieht.

Stärkere Einwände sind gegen Art. 59 a II GG zu erheben. Hier hätte nach eindeutigem Wortlaut der Bundespräsident das Recht, eine bei Gefahr in Verzug vom Bundeskanzler geforderte Verkündung des Verteidigungsfalls zu verweigern. Dieser negative Akt wäre also von der Billigung durch die Bundesregierung ausgenommen und als Teil der außerordentlichen Kompetenzen des Bundespräsidenten anzusprechen[3]. Zu diesen paßt er aber gar nicht, weil sie von einer Störung des Regierungsmechanismus durch Verschulden des Bundestags ausgehen. Außen- und innenpolitische Krisen sollten jedoch soweit als möglich durch das Parlament oder seine Organe gemeistert werden, notfalls auch durch die verantwortliche Bundesregierung, aber nicht durch den parlamentarisch nicht verantwortlichen Bundespräsidenten.

b) Die Wahl zwischen der Ernennung des
Minderheitskanzlers und der Auflösung des Bundestags

Gelingt es dem Bundestag nicht, mit den Stimmen der Mehrheit seiner Mitglieder einen Bundeskanzler zu wählen, so hat der Bundespräsident nach Art. 63 IV S. 3 GG entweder den mit relativer Mehrheit gewählten Kandidaten zu ernennen oder den Bundestag aufzulösen. Beide Akte sind im Ausnahmekatalog des Art. 58 S. 2 GG enthalten, der jedoch keinen Unterschied zwischen der Ernennung des Mehrheits- und des Minderheitskanzlers macht. Der Grund der Gegenzeichnungsfreiheit liegt hier[4] in der freien Wahlmöglichkeit des Bundespräsidenten. Die Pflicht zur Kanzlerernennung ist nicht, wie *Walter Jellinek*[5] annimmt, stärker als die zur Auflösung des Bundestags[6]. Es ist eine

---

[2] *Kastner*, a.a.O., S. 95.

[3] In diesem Sinne *Dürig*, in: *Maunz - Dürig*, a.a.O., Art. 59 a, Rdn. 13.

[4] Im Gegensatz zur Ernennung des Mehrheitskanzlers, s. unten IX, 2, b.

[5] Kabinettsfrage und Gesetzgebungsnotstand nach dem Bonner Grundgesetz, in: VVDStRL 8, S. 9 f.

[6] *Leisner*, a.a.O., S. 1048; *Wilhelm Merk*: Diskussionsbeitrag, in: VVDStRL 8, S. 60.

Rechtspflicht des Bundespräsidenten, seine Entscheidung binnen sieben Tagen zu treffen. Ein Versäumnis ist rechtswidrig und hat nicht die Pflicht zur Ernennung des Minderheitskanzlers zur Folge[7].

Ist der Verteidigungsfall verkündet, so ist gemäß Art. 115 h III GG eine Auflösung des Bundestags ausgeschlossen. Daraus folgt eine Pflicht des Bundespräsidenten, den Minderheitskanzler zu ernennen, und zwar nicht binnen sieben Tagen, sondern unverzüglich, weil er keine Entscheidung zu treffen hat und daher auch keine Bedenkzeit braucht. Während des Verteidigungsfalls existiert das Wahlrecht des Bundespräsidenten gemäß Art. 63 IV GG nicht.

c) Ablehnung der Vertrauensfrage

Der Fall, daß der Bundestag sich nicht auf einen Mehrheitskanzler einigen kann, kann auch dann eintreten, wenn ein Bundeskanzler im Amt ist, der die Mehrheit verloren hat oder — weil er als Minderheitskanzler gewählt wurde — sie nie hatte.

Das konstruktive Mißtrauensvotum des Art. 67 GG bietet allein keine Gewähr dafür, daß immer eine *handlungsfähige* Regierung im Amt ist. Man regiert heute hauptsächlich dadurch, daß man Gesetzentwürfe ausarbeitet und sie im Parlament durchzubringen sucht. Eine Regierung verliert ihre Aktionsfähigkeit, wenn die Gesetzgebungsmaschinerie nicht mehr in ihrem Sinne läuft[8]. Art. 67 GG verhindert den Sturz der Regierung durch eine Mehrheit, die sich nicht auf einen neuen Kanzler einigen kann. Aber auch eine heterogene Mehrheit kann die Minderheitsregierung durch Gesetzgebungsboykott lahmlegen[9]. Will ein Bundeskanzler unter diesen Bedingungen weiterregieren, dann muß er die nächste wichtige Gesetzesvorlage mit der Vertrauensfrage gemäß Art. 68 GG verbinden.

Bleibt er dabei in der Minderheit, dann kann er dem Bundespräsidenten entweder die Auflösung des Bundestags (Art. 68 GG) oder die Verkündung des Gesetzgebungsnotstands (Art. 81 GG) vorschlagen. Für den letzten Vorschlag braucht er allerdings die Zustimmung des Bundeskabinetts. Der Bundespräsident kann beide Vorschläge ableh-

---

[7] *Walter Jellinek*, VVDStRL 8, S. 10; a. A. *Schenck zu Schweinsberg*, a.a.O., S. 82.

[8] *Hans Schneider:* Kabinettsfrage und Gesetzgebungsnotstand nach dem Bonner Grundgesetz, in: VVDStRL 8, S. 31.

[9] Dieser enge Zusammenhang zwischen Exekutive und Legislative findet in England seinen Niederschlag in der gewohnheitsrechtlichen Regelung, daß die Regierung zurücktritt, sobald sie in einer wichtigen Abstimmung in der Minderheit bleibt.

nen[10]. Dem Bundeskanzler steht es frei, etwa zuerst den Gesetzgebungsnotstand und dann — nach Ablehnung durch den Bundespräsidenten
oder den Bundesrat — Neuwahlen vorzuschlagen.

Wenn der Bundeskanzler beide Vorschläge macht, hat der Bundespräsident die Wahl zwischen drei Alternativen.

1. Er lehnt beide Vorschläge des Bundeskanzlers ab. Das Ablehnungsrecht folgt aus dem Wortlaut der Art. 68 I und 81 I GG. Für diese
beiden negativen Akte braucht der Bundespräsident also nicht die
Billigung der Bundesregierung. Eine analoge Anwendung des Art. 58
GG findet daher nicht statt. Durch diese Ablehnung nimmt der Bundespräsident dem Bundeskanzler die Möglichkeit weiterzuregieren. Dieser
wird zurücktreten, obwohl dazu keine Verpflichtung besteht. Der Bundespräsident wird so entscheiden, wenn er hofft, daß der Bundestag
doch noch einen Mehrheitskanzler oder wenigstens einen stärkeren
Minderheitskanzler wählt.

2. Der Bundespräsident löst den Bundestag auf. Dazu ist die Gegenzeichnung des Bundeskanzlers erforderlich; denn die Auflösung darf
nur auf Antrag, d. h. mit Einverständnis des Bundeskanzlers stattfin-
den. Der Bundestag kann seiner Auflösung durch die Wahl eines Mehrheitskanzlers zuvorkommen.

Während des Verteidigungsfalls fällt diese Alternative gemäß Art.
115 h III GG fort. Daher reduzieren sich die gesamten außerordentlichen Kompetenzen des Bundespräsidenten im Verteidigungsfall auf
das Recht, dem Bundeskanzler die Verkündung des Gesetzgebungsnotstands zu verweigern.

3. Der Bundespräsident erklärt mit Zustimmung des Bundesrats den
Gesetzgebungsnotstand (Art. 81 I GG). Hierfür ist die Gegenzeichnung
des Bundeskanzlers notwendig[11]. Der Gesetzgebungsnotstand wird zu-

---

[10] Unzutreffend *Ernst Friesenhahn:* Parlament und Regierung im modernen Staat: im VVDStRL 16, S. 63, 69, der glaubt, der Bundespräsident müsse
auf Vorschlag des Bundeskanzlers den Bundestag auflösen, und *Kastner,*
a.a.O., S. 75, der den Bundespräsidenten zur Verkündung des Gesetzgebungsnotstands verpflichten will.

[11] *Eduard Dreher:* Das parlamentarische System des Bonner Grundgesetzes
im Vergleich zur Weimarer Verfassung, in: NJW 1950, S. 130; *Kastner,*
a.a.O., S. 101; *Otto Koellreutter:* Deutsches Staatsrecht, Stuttgart 1953, S. 210;
v. Mangoldt - Klein, a.a.O., S. 1116, 2001; *Maunz,* in: *Maunz - Dürig,* a.a.O.,
Art. 81 Rdn. 7; *Roß,* a.a.O., S. 680; *Schenck zu Schweinsberg,* a.a.O., S. 102;
Schlochauer, a.a.O., S. 84; *Hans Schneider,* VVDStRL 8, S. 45; a. A. *Bodo
Börner:* Der Gesetzgebungsnotstand, in: DÖV 1950, S. 237 o. Begr.; *Giese-
Schunck,* a.a.O., Art. 81, Erl. 2: „Antrag der Bundesregierung und auch Zustimmung des Bundesrats machen die Gegenzeichnung entbehrlich."; *Heinrich Herrfahrdt,* in: Bonner Kommentar zum Grundgesetz, Erl. II 2 zu Art. 81
mit der Begründung, daß der Antrag die Gegenzeichnung bereits in sich
schließe. Beide Begründungen würden dazu führen, daß ebenfalls die Beam-

nächst für *eine* Gesetzesvorlage erklärt, die dann nach Ablehnung durch den Bundestag vom Bundesrat verabschiedet werden kann. Auf diese Weise kommt ein voll gültiges Gesetz zustande[12]. Der Bundesrat muß zuerst dem Gesetzgebungsnotstand und nach erneuter Ablehnung durch den Bundestag noch einmal dem Gesetz zustimmen.

Art. 81 III GG bestimmt, daß jede weitere Vorlage desselben Bundeskanzlers innerhalb von sechs Monaten gemäß Abs. 1 und 2 verabschiedet werden kann. Es ist hier die Streitfrage, ob der Bundespräsident für jedes Gesetz den Gesetzgebungsnotstand neu erklären muß, ob er also die Möglichkeit hat, seine Zustimmung davon abhängig zu machen, daß er die Gesetzesvorlage für zweckmäßig hält. Die überwiegende Lehre nimmt das an[13], wobei sie sich auf den Wortlaut berufen kann. Jedoch ist Art. 81 GG, der immerhin drei Redaktionsversehen aufzuweisen hat[14], nicht gerade ein Muster begrifflicher Klarheit.

Es ist daher zu prüfen, ob die Wortinterpretation zu einem im Rahmen des Regierungssystems des Grundgesetzes sinnvollen Ergebnis führt. Jedes weitere Gesetz müßte folgende Stufen durchlaufen: Ablehnung durch den Bundestag, Antrag der Bundesregierung auf Erklärung des Gesetzgebungsnotstandes, Zustimmung des Bundesrats, Erklärung des Gesetzgebungsnotstandes durch den Bundespräsidenten, erneute Ablehnung der Vorlage durch den Bundestag oder kein Beschluß innerhalb von vier Wochen nach der erneuten Einbringung, Verabschiedung durch den Bundesrat. Es kann bezweifelt werden, daß ein derartiges, sich vermutlich über Monate hinziehendes „Gesetzgebungsballett" dem Zweck des Art. 81 GG gerecht wird, nämlich in Krisenzeiten die Verabschiedung dringend benötigter Gesetze gegen den Bundestag zu ermöglichen. Außerdem könnte der Bundespräsident durch die Verweigerung der Zustimmung einen Einfluß auf die Richt-

---

ten- und Ministerernennung ohne Gegenzeichnung erfolgen müßten, was nicht der Fall ist und auch von niemandem gefordert wird.

[12] Im Gegensatz dazu treten die Gesetze, die der gemeinsame Ausschuß in Krisenzeiten beschließt, automatisch sechs Monate nach Beendigung des Verteidigungsfalls außer Kraft (Art. 115 k II GG).

[13] *Börner*, a.a.O., S. 239; *Giese - Schunck*, a.a.O., Art. 81 Erl. 10; *Walter Jellinek*, VVDStRL 8, S. 16; *v. Mangoldt*, Grundgesetz, S. 439; *v. Mangoldt - Klein*, a.a.O., S. 2012; *Maunz*, in: *Maunz - Dürig*, a.a.O., Art. 81 Rdn. 12; *Roß*, a.a.O., S. 687; *Hans Schneider*, VVDStRL 8, S. 46; *Rolf Simon*: Gesetzgebungsnotstand und Notstandsgesetze, Diss. Münster 1963, S. 99 ff.

[14] In Abs. 2, S. 1: Statt „in einer *für die* Bundesregierung als unannehmbar bezeichneten Fassung" müßte es heißen *„von der* Bundesregierung" und statt „gilt das Gesetz als zustande gekommen, *soweit* der Bundesrat ihm zustimmt" wäre *„sobald"* richtig, vgl. § 51 II GGO II, der diese Versehen „korrigiert"; in Abs. 3 S. 2: Statt „während der Amtszeit *des gleichen* Bundeskanzlers" wäre korrekt *„desselben* Bundeskanzlers", vgl. *v. Mangoldt - Klein*, a.a.O., S. 2013 Anm. 195; *Simon*, a.a.O., S. 107 ff.

linien der Politik nehmen, soweit sie sich in Gesetzen niederschlagen. Damit würde der Bundeskanzler bei seiner laufenden Arbeit vom Vertrauen des Bundespräsidenten abhängig gemacht, was es sonst im Grundgesetz nirgends gibt. Einem Mißbrauch ist auch ohne präsidiales Vetorecht mehr als ausreichend vorgebeugt: der Bundeskanzler braucht die Zustimmung des Bundesrats und der Bundestag kann ihn jederzeit gemäß Art. 67 GG stürzen. Außerdem kann der Bundestag seinerseits Gesetze beschließen und die nach Art. 81 GG zustande gekommenen Gesetze abändern und sogar aufheben[15]. Diesem Aufhebungsversuch könnte der Bundesrat mit einer Verschleppungstaktik durch Ausnützung sämtlicher Möglichkeiten des Art. 77 GG begegnen und die Bundesregierung könnte die Aufhebung sofort im Verfahren nach Art. 81 GG wieder rückgängig zu machen suchen. Diese Möglichkeiten lassen befürchten, daß der Gesetzgebungsnotstand im Ernstfall versagen könnte und nur zu einer fürchterlichen Konfusion führen würde.

Angesichts der sowieso problematischen Wirksamkeit des Art. 81 GG erscheint es angebracht, nur eine einmalige und für sechs Monate gültige Verkündung des Gesetzgebungsnotstands durch den Bundespräsidenten zu fordern[16]. Der Bundespräsident soll über das Schicksal der Bundesregierung entscheiden, aber keinen Einfluß auf die Regierungsarbeit haben. Nach Ablauf der sechs Monate ist nur noch die Auflösung des Bundestags oder der Rücktritt des Bundeskanzlers möglich. Im letzteren Fall kann der alte Bundeskanzler, wenn er bei der Kanzler-

---

[15] Es erscheint mir zweifelhaft, ob man allein aus dem Zweck des Art. 81 GG als Hilfsmittel der Bundesregierung gegen einen obstruierenden Bundestag folgern darf, daß dieser zur Aufhebung der nach Art. 81 GG zustandegekommenen Gesetze nicht berechtigt sei (so *Simon*, a.a.O., S. 157 f. m. Nachw.). Eine Beschränkung der Gesetzgebungskompetenz ist ein so scharfer Eingriff in die Rechte des Bundestags, daß hierfür m. E. eine eindeutige Verfassungsbestimmung zu fordern wäre.

Es ist *Simon* (a.a.O., S. 155 Anm. 536) jedoch darin zuzustimmen, daß sich im Bundestag zum Zweck der Obstruktion nur schwer die gemäß Art. 77 IV GG nötigen Mehrheiten zur Überstimmung des Einspruchs des Bundesrats finden würden.

Simon (a.a.O., S. 156 f.) möchte selbst dann eine Abänderung nicht zulassen, wenn der Bundesrat ein von ihm selbst nach Art. 81 GG beschlossenes Gesetz zusammen mit dem Bundestag gegen den Willen der Bundesregierung ändern will. Es wäre eine sehr extensive Auslegung des Art. 81 GG, wenn dieser eine Bundesregierung sogar dann noch stützte, wenn sie in einer Frage neben dem Vertrauen des Bundestags auch noch das des Bundesrats verliert.

[16] *Thomas Ellwein:* Das Regierungssystem der Bundesrepublik Deutschland, 2. Aufl., Köln und Opladen 1965, S. 284; *Heinrich Herrfahrdt*, in: Bonner Kommentar, Art. 81 Erl. II 3; *Friedrich-August Frhr. v. d. Heydte:* Staatsnotstand und Gesetzgebungsnotstand, in: Festschrift für Laforet, München 1952, S. 73 f.; *Hans Schneider:* Die Gesetzgebung des Bundes, in: Deutsche Verwaltung, 2. Jahrg., 1949, Nr. 12, S. 326 (vgl. jedoch geänderte Meinung in: VVDStRL 8, S. 46).

wahl die relative Mehrheit erreicht, erneut vom Bundespräsidenten ernannt werden. Dann kann der Gesetzgebungsnotstand für weitere sechs Monate verkündet werden[17]. Bei permanentem Gesetzgebungsnotstand muß sich also der Bundeskanzler alle sechs Monate der Kanzlerwahl stellen und mit relativer Mehrheit gewählt werden. Der Bundespräsident kann in diesem Fall nur entscheiden, ob er den Minderheitskanzler stützen oder es zu Neuwahlen kommen lassen will.

Theoretisch gibt es noch eine dritte Möglichkeit: Der Bundespräsident kann den Minderheitskanzler ernennen, ihm aber Gesetzgebungsnotstand und Bundestagsauflösung versagen. Der Bundeskanzler tritt zurück, wird mit relativer Mehrheit wiedergewählt und das Spiel beginnt von neuem. Der Bundespräsident würde jedoch seine außerordentlichen Kompetenzen mißbrauchen, wenn er sie auf diese Weise zur Herbeiführung einer permanenten Regierungskrise benützte.

d) Der Bundespräsident gewinnt keinen Einfluß auf die Regierungsgeschäfte

Das Grundgesetz räumt dem Bundespräsidenten beim Fehlen eines Mehrheitskanzlers in einigen, genau abgegrenzten Fällen ein echtes Ermessen ein, das keiner parlamentarischen Kontrolle unterliegt. Wenn hier von dem Grundsatz des parlamentarischen Systems, daß jedes Staatsorgan die politische Verantwortung für seine Entscheidungen trägt, abgegangen wird, dann geschieht das nicht, um dem Bundespräsidenten die politische Führung zu übertragen. In den oben geschilderten Fällen kann der Bundespräsident, wie es Theodor Eschenburg formuliert, nur eine Weiche stellen[18]. Hat er das getan, dann hört seine Entscheidungsmacht auf. Seine Befugnisse sind so konstruiert, daß er durch seine Entscheidung selbst keine Macht gewinnt. Er soll so entscheiden, daß baldmöglichst eine funktionsfähige Regierung zustande kommt[19]. Er wird also abzuwägen haben, ob eine Neuwahl oder ein

---

[17] *Leisner*, a.a.O., S. 1055; a. A. *Hamann*, Grundgesetz, S. 357; *v. Mangoldt - Klein*, a.a.O., S. 2013 f.; *Maunz*, in: *Maunz - Dürig*, a.a.O., Art. 81 Rdn. 14. *Klein* und *Maunz* lassen eine Erklärung des Gesetzgebungsnotstandes zu, wenn zwischen zwei Amtsperioden desselben Kanzlers ein anderer Bundeskanzler im Amt war. Der Vorsitzende der stärksten Partei könnte dann allerdings nicht mehr als permanenter Minderheitskanzler regieren. Vielleicht wird er sich dann im halbjährlichen Turnus mit seinem Stellvertreter abwechseln.

[18] *Eschenburg*, Zur politischen Praxis, S. 134.

[19] So bereits für den Reichspräsidenten: *Richard Thoma:* Die rechtliche Ordnung des parlamentarischen Regierungssystems, in: Handbuch des Deutschen Staatsrechts, Herausgegeben von Gerhard Anschütz und Richard Thoma, 1. Band, Tübingen 1930, S. 506; sinngemäß ebenso: *Erich Küchenhoff:* Präsentationskapitulation des Bundeskanzlers gegenüber dem Bundespräsidenten, in: DÖV 1966, S. 682.

Minderheitskanzler das kleinere Übel ist, und zwar nicht unter dem
Gesichtspunkt, ob ihm der Minderheitskanzler genehm ist, sondern
danach, ob dieser die Möglichkeit hat, eine arbeitsfähige Regierung zu
bilden. Das Grundgesetz hat den Bundespräsidenten zum Weichenstel-
ler bestimmt, weil es ihm die dazu nötige Distanz eher zutraute als
denen, die die Regierungsmaschinerie laufend bedienen[20].

2. Gegenzeichnungsfreiheit aus Zweckmäßigkeitsgründen

Das Grundgesetz verzichtet in einigen Fällen auf die Gegenzeichnung, wo sie zu einer sinnlosen Formalie würde, weil der Bundespräsident an den Willen des Bundestags gebunden ist. Hierzu zählen
der Kanzlervorschlag (Art. 63 I und 115 h II S. 1 GG) und die Ernennung des Mehrheitskanzlers (Art. 63 II, IV und 67 I GG).

a) Der Vorschlag für die Wahl des Bundeskanzlers

aa) Kein politischer Spielraum

Bei der Ausübung des Vorschlagsrechts ist der Bundespräsident frei.
Er darf einen Mann seiner Wahl vorschlagen und ist dabei an keine
Gegenzeichnung gebunden. Trotzdem ist sein politischer Spielraum
nicht groß. Wenn der Bundespräsident sein Vorschlagsrecht zu einer
Demonstration gegen die Bundestagsmehrheit benutzt, kann er damit
nur seine eigene Autorität untergraben. Der von ihm abgelehnte Kan-
didat würde im zweiten Wahlgang doch gewählt.

Bisher hat der Bundespräsident noch nie einen Einfluß auf die Bestimmung des Bundeskanzlers gehabt. Es ist kaum denkbar, daß die
Regierungspartei dem Bundespräsidenten die Auswahl des Bundeskanzlers überläßt. Unklare Mehrheitsverhältnisse haben nicht zur
Folge, daß der Bundestag mehrere Politiker als Kanzler akzeptieren
würde, wenn sie der Bundespräsident nur vorschlägt. Es ist dann
schwierig, überhaupt einen Kandidaten zu finden, der die Mehrheit der
Stimmen des Bundestags auf sich vereinigt. Möglicherweise kann eine
Vermittlung des Bundespräsidenten festgefahrene Koalitionsverhand-
lungen wieder in Gang bringen. Ein bestimmender Einfluß des Bundespräsidenten auf ihr Ergebnis ist aber selbst dann nicht sehr wahrscheinlich.

---

[20] *Eschenburg*, Staat und Gesellschaft in Deutschland, S. 645.

bb) Der Bundespräsident kann keine Bedingungen stellen

Wer in seiner Entscheidung nicht frei ist, der kann auch keine Bedingungen stellen. Der Bundeskanzler wird Wahlkapitulationen nie
ganz vermeiden können, aber eine Präsentationskapitulation gegenüber dem Bundespräsidenten scheidet schon deshalb aus, weil der Kan-
didat, der die Mehrheit hat, auch ohne Präsentation gewählt wird, und
der, der keine hat, sie auch nicht durch die Präsentation bekommt. Der
Bundespräsident kann insbesondere keine Bedingungen über die Zusammensetzung des Bundeskabinetts stellen[21]. Bundespräsident *Heuss*
hat 1949 nicht einmal die Vorlage der Ministerliste durchsetzen können.

Ob Präsentationskapitulationen möglich sind, ist keine Frage des
rechtlichen Dürfens, sondern eine Frage der politischen Durchsetzbarkeit[22]. Gibt eine Verfassung wie die Weimarer Reichsverfassung dem
Staatsoberhaupt Machtmittel in die Hand, eine Präsentationskapitulation zu fordern und ihre Einhaltung nachher auch zu erzwingen, dann
ist jedes Verbot nutzlos. Will eine Verfassung derartige Erscheinungen
verhindern, dann muß sie dem Staatsoberhaupt die Machtmittel nehmen, die er zur Durchsetzung solcher Ansprüche braucht. Das Grundgesetz hat das getan.

cc) Der Wahlvorschlag als Pflicht des Bundespräsidenten

Der Bundespräsident kann auch nicht damit drohen, keinen Kanzlervorschlag zu machen. Er ist dazu nämlich verpflichtet[23]. Ihm ist jedoch
eine angemessene Frist für Sondierungsgespräche über die Person des
Vorzuschlagenden zuzubilligen. Wenn sich die Parteien geeinigt haben
und der Bundespräsident noch nicht vorschlägt, kann er vor dem
Bundesverfassungsgericht verklagt werden.

Die Pflicht zum Kanzlervorschlag besteht auch dann, wenn die Koa-
litionsverhandlungen endgültig scheitern[24]. Der Bundespräsident muß

---

[21] a. A. *Hans Schneider:* Die Regierungsbildung nach dem Bonner Grundgesetz, in: NJW 1953, S. 1332.
[22] Das übersieht *Erich Küchenhoff,* a.a.O., S. 675—685, der mit zutreffender
verfassungsrechtlicher Begründung Präsentationskapitulationen für unzulässig hält.
[23] *Jellinek,* VVDStRL 8, S. 9; *Wilhelm Laforet:* Diskussionsbeitrag, in:
VVDStRL 8, S. 55; *Leisner,* a.a.O., S. 1047; *v. Mangoldt,* Grundgesetz, S. 341;
v. Mangoldt - Klein, a.a.O., S. 1228; *Maunz,* in: *Maunz - Dürig,* a.a.O., Art. 63
Rdn. 2; *Merk,* VVDStRL 8, S. 59; *Fritz Münch:* Die Bundesregierung, Frankfurt 1954, S. 133; *Hans Rein:* Die verfassungsrechtlichen Kompetenzen des
Bundespräsidenten bei der Bildung der Bundesregierung, in: JZ 1969, S. 573;
a. A. *Hans Schneider,* NJW 1953, S. 1331.
[24] *Roß,* a.a.O., S. 406.

dann einen Vorschlag machen, um die Fristen des Art. 63 GG zum Laufen zu bringen. Wenn nicht doch noch eine Einigung zustande kommt, wird ein Minderheitskanzler gewählt.

Macht der Bundespräsident keinen Vorschlag, so kann der Bundestag ein Organverfahren nach Art. 93 I Nr. 1 GG gegen ihn anstrengen und eine einstweilige Anordnung gemäß § 32 BVerfGG zu erwirken versuchen, die den Bundespräsidenten zum Kanzlervorschlag verpflichtet. Mißachtet der Bundespräsident die einstweilige Anordnung und die im späteren Urteil ausgesprochene Verpflichtung zum Kanzlervorschlag, so bleibt die Präsidentenanklage gemäß Art. 61 GG. In diesem Fall kann das Bundesverfassungsgericht gemäß Art. 61 II S. 2 GG bestimmen, daß der Bundespräsident an der Ausübung seines Amtes verhindert ist, und damit den Weg für einen Kanzlervorschlag durch den Bundesratspräsidenten freimachen.

Diese verfassungsgerichtliche Lösung kann jedoch nicht überzeugen[25]. Zunächst ist es zweifelhaft, ob die Zwei-Drittel-Mehrheit für die Präsidentenanklage überhaupt zustandekommt. Dann fragt es sich, ob es zweckmäßig ist, zur Lösung der Kanzlerkrise eine Präsidentenkrise zu inszenieren. Außerdem besteht noch die Gefahr, daß das Bundesverfassungsgericht eine vorsätzliche Verletzung des Grundgesetzes, die die Voraussetzung einer Verurteilung nach Art. 61 GG wäre, nicht als gegeben ansieht, solange sich der Bundespräsident — wie in diesem Fall — noch auf eine Außenseitermeinung der staatsrechtlichen Literatur berufen kann[26]. Es kann unter diesen Umständen nicht als sicher vorausgesetzt werden, daß das Bundesverfassungsgericht den Bundespräsidenten gemäß Art. 61 II S. 2 GG vom Amt suspendieren wird.

Es ist unzumutbar, die Zeit bis zur Entscheidung des Bundesverfassungsgerichts mit einer geschäftsführenden Regierung zu überbrücken. Diese ist nämlich ein aus Gründen der Staatsräson geborener Notbehelf, der dem parlamentarischen Prinzip widerspricht, das eine Regierung fordert, die vom Vertrauen des Parlaments getragen ist[27]. Aber auch dem Staat ist mit einer geschäftsführenden Regierung weit schlechter gedient als mit einer parlamentarischen. Einer Regierung auf Abruf wird das Ausland bei Verhandlungen wenig Vertrauen entgegenbringen[28]. Entscheidungen, die die Politik auf längere Sicht binden, wird sie aufschieben und zu unpopulären Maßnahmen wird sie kaum bereit sein.

---

[25] Im Gegensatz zur Ansicht von *Rein,* a.a.O., S. 573.

[26] s. oben Anm. 23 dieses Abschnitts.

[27] *Dreher,* Diss. Leipzig 1932, S. 45 f.

[28] *Leisner,* a.a.O., S. 1047.

Es wird daher die These vertreten, der Bundestag könne dem Bundespräsidenten ein Ultimatum stellen und notfalls ohne Vorschlag des Bundespräsidenten einen Kanzler wählen[29]. Dagegen wurde geltend gemacht, ein derartiges Ultimatum finde keine Stütze im Wortlaut der Verfassung und sei mit der Würde des Staatsoberhaupts unvereinbar[30].

Über diese Bedenken wird man sich hinwegsetzen müssen; denn es muß so schnell wie möglich wieder eine parlamentarische Regierung ihr Amt antreten. Die Art des Vorgehens ist eine Frage des politischen Takts. Es wird Sache des Bundestagspräsidenten sein, den Bundespräsidenten unter vier Augen mit allem Nachdruck an die Abgabe eines Kanzlervorschlags zu erinnern. Erfolgt dieser nicht, dann wird er eine Wahl gemäß Art. 63 III GG auf die Tagesordnung setzen müssen, obwohl er dazu nach dem Buchstaben des Grundgesetzes nicht berechtigt ist.

Eine Gegenzeichnung des Kanzlervorschlags durch den geschäftsführenden Bundeskanzler wäre sinnlos, weil der Bundestag mit der Abstimmung über den Vorschlag direkt zeigt, ob er ihn für zweckmäßig hält. Da kaum ein Bundeskanzler seinen Nachfolger selbst auswählen wird, würde eine Gegenzeichnung dazu führen, daß der Bundestag, der faktisch bestimmenden Einfluß auf den Wahlvorschlag hat, den Bundeskanzler verantwortlich machen könnte, der den Vorschlag möglicherweise gar nicht billigte. Hätte der Bundeskanzler aber ein Recht, die Gegenzeichnung abzulehnen, würde das die Wahl seines Nachfolgers mindestens verzögern. Soweit ersichtlich ist die Literatur einhellig der Meinung, daß der Kanzlervorschlag gegenzeichnungsfrei ist[31].

b) Die Ernennung und Entlassung des Bundeskanzlers

Die Gegenzeichnung bei der Ernennung und Entlassung des Reichskanzlers hat in der Weimarer Republik zu einem großen wissenschaftlichen Disput geführt. Zuerst war es üblich, daß der alte Reichskanzler die Ernennung des neuen und dieser die Entlassung des alten gegenzeichnete[32]. Wird zuerst die Ernennung gegengezeichnet, dann gibt es wenigstens ein paar Minuten lang zwei Kanzler. Bei umgekehrter Reihenfolge wäre die Entlassung nicht rechtmäßig, weil der Gegenzeichnende noch kein Kanzler ist. Die Ernennung kann jedenfalls dann nicht

---

[29] *Jellinek*, VVDStRL 8, S. 9; ders., DÖV 1949, S. 382; *Dennewitz - Meder*, in: Bonner Kommentar, Art. 63 Erl. II 1; *Friedrich Giese*: Grundgesetz für die Bundesrepublik Deutschland, 4. Aufl., Frankfurt 1955, S. 108.

[30] *Leisner*, a.a.O., S. 1047; *Merk*, VVDStRL 8, S. 59.

[31] Vgl. *Rein*, a.a.O., S. 573 m. Nachw. (Anm. 6).

[32] z. B. in den Fällen Wirth-Cuno (22. 11. 1922), Cuno - Stresemann (13. 8. 1923) und Stresemann - Marx (30. 11. 1923); vgl. *Vallentin*, a.a.O., S. 2.

rechtmäßig sein, wenn die Entlassung wirksam war, weil dann nämlich der Gegenzeichnende kein Kanzler mehr ist. Immerhin wird bei dieser Regelung eine Selbstgegenzeichnung vermieden.

Das Reichsministergesetz von 1930[33] ließ dann die Ernennungs- und die Entlassungsurkunde vom neuen Reichskanzler gegenzeichnen. Nach § 2 S. 2 i. V. m. § 1 III Reichsministergesetz beginnt das Amtsverhältnis des Reichskanzlers mit der Überreichung der Ernennungsurkunde. Die vorherige Gegenzeichnung ist also fehlerhaft und erinnert an Münchhausen, der sich an seinem eigenen Zopf aus dem Sumpf zieht[34]. Am wenigsten unkorrekt wäre es wohl, wenn ein Minister des scheidenden Kabinetts beide Urkunden gegenzeichnete.

Sinnvoller ist es jedoch, auf diese leere Formalie ganz zu verzichten, wie das Art. 58 S. 2 GG tut. Eine Verantwortung braucht nicht übernommen zu werden; denn der Bundespräsident ist bei der Ernennung des Mehrheitskanzlers und bei der Entlassung in jedem Fall gebunden. Es wäre wenig sinnvoll, wenn dem Bundestag gegenüber jemand die Verantwortung für dessen eigene Kanzlerwahl übernähme. Das Bedürfnis, jemanden verantwortlich zu machen, besteht nur dann, wenn das Parlament nicht selbst handelt.

3. Problematische Fälle

Die beiden Fälle der Art. 69 III und 39 III S. 3 GG lassen sich weder als außerordentliche Kompetenzen noch als Gegenzeichnungsfreiheit aus Zweckmäßigkeitsgründen motivieren. Beide Regelungen sind nämlich gar nicht besonders zweckmäßig.

a) Das Ersuchen zur Weiterführung der Geschäfte

aa) Das Ersuchen an den Bundeskanzler

Die aus Art. 58 S. 2 folgende Gegenzeichnungsfreiheit des Ersuchens an den Bundeskanzler ist sinnvoll. Damit wird eine Selbstgegenzeichnung des Bundeskanzlers vermieden. Es ist davon auszugehen, daß der Bundespräsident zu seinem Ersuchen verpflichtet ist[35]; denn der Staat darf zu keiner Zeit ohne amtierende Regierung sein. Es besteht daher kein Bedürfnis, eine Verantwortlichkeit geltend zu machen.

---

[33] §§ 2, 13 Gesetz über die Rechtsverhältnisse des Reichskanzlers und der Reichsminister v. 27. März 1930, RGBl. I, S. 96.

[34] *Dreher*, Diss. Leipzig 1932, S. 66 Anm. 146.

[35] *Lutz*, a.a.O., S. 35 m. Nachw.; a. A. *Maunz*, in: *Maunz - Dürig*, a.a.O., Art. 69 Rdn. 5 o. Begr.

Im Gegensatz zur Formulierung des Art. 69 III GG, der von einer Pflicht zur Weiterführung der Geschäfte spricht, könnte dies in bestimmten Fällen unzumutbar sein[36]. Gegen eine hartnäckige Weigerung des Bundeskanzlers gibt es kein Mittel, das Verbleiben im Amt zu erzwingen. In solchen Fällen und bei Tod oder Amtsunfähigkeit des Bundeskanzlers hat der Bundespräsident nicht nur das Recht, sondern auch die Pflicht, einen Bundesminister, notfalls sogar einen anderen Politiker mit der Fortführung der Geschäfte des Bundeskanzlers zu beauftragen[37].

bb) Das Ersuchen an einen Bundesminister

Es wäre folgerichtig, wenn der geschäftsführende Bundeskanzler oder der Bundespräsident mit seiner Gegenzeichnung die Minister um die Weiterführung ihrer Geschäfte ersuchte. Nach dem Wortlaut des Art. 69 III GG haben Bundeskanzler und Bundespräsident dieses Recht unabhängig voneinander. Der Bundespräsident darf ohne Gegenzeichnung (Art. 58 S. 2 GG), also auch gegen den Willen des Bundeskanzlers, einen Minister ersuchen, bis zum Amtsantritt[38] seines Nachfolgers die Geschäfte weiterzuführen. Diese Regelung ist häufig kritisiert und einer einschränkenden Interpretation unterworfen worden[39]. Dabei handelt es sich um billigenswerte Vorschläge de lege ferenda, die sich auch gewohnheitsrechtlich durchsetzen könnten. Tatsächlich hat der Bundespräsident beim Zusammentritt eines neuen Bundestages regelmäßig nur den Bundeskanzler mit der Weiterführung der Geschäfte beauftragt, der dann seinerseits die Minister ersuchte. 1953 soll nur ein sehr energischer Einspruch Bundeskanzler Adenauers Bundespräsident Heuss von seiner Absicht abgebracht haben, das Ersuchen nach Art. 69 III GG an die Minister zu richten. Da sich der Kompetenzstreit in der Folge mehrmals wiederholt haben soll, fehlt es zur Herausbildung eines Gewohnheitsrechts noch an der allgemeinen Rechtsüberzeugung[40].

---

[36] *Lutz,* a.a.O., S. 37; *Maunz,* in: *Maunz - Dürig,* a.a.O., Art. 69 Rdn. 5; *Nawiasky,* Grundgedanken, S. 98, 110; *Roß,* a.a.O., S. 445; a. A. *Franz Klein,* in: *Schmidt-Bleibtreu* und *Klein,* a.a.O., S. 329.

[37] Ob man das durch extensive Auslegung des Art. 69 III GG, dessen Wortlaut ein solches Ersuchen nicht deckt, oder aus einem außerordentlichen Ernennungsrecht folgert (so mit ausführlicher Begründung *Lutz,* a.a.O., S. 39 bis 44), mag dahingestellt bleiben. Das Recht selbst wird nämlich in der Literatur nicht bestritten, weil andernfalls eine Vakanz im Amt des Bundeskanzlers einträte.

[38] In Art. 69 III GG heißt es: „...bis zur Ernennung". Das ist ein Redaktionsfehler, vgl. *v. Mangoldt - Klein,* a.a.O., S. 1322; *Maunz,* in: *Maunz - Dürig,* a.a.O., Art. 69 Rdn. 7; *Kastner,* a.a.O., S. 81; *Lutz,* a.a.O., S. 33.

[39] *Jellinek,* VVDStRL 8, S. 13; *Menzel,* in: Bonner Kommentar, Art. 58 Erl. II 4 a cc; *Kastner,* a.a.O., S. 84 ff.; *Lutz,* a.a.O., S. 53—57.

[40] Vgl. dazu *Lutz,* a.a.O., S. 57 f., der die hier geschilderte Staatspraxis mitteilt. Er beruft sich auf eine Auskunft des Bundeskanzleramts.

De lege lata ist darauf hinzuweisen, daß der Bundeskanzler vom Bundespräsidenten die sofortige Entlassung auch eines mit der Wahrnehmung der Geschäfte beauftragten Ministers verlangen kann. Da der Bundespräsident keine sachliche Prüfungskompetenz hat und daher eine Ministerentlassung nicht verweigern darf, darf er ihr auch nicht durch einen actus contrarius — nämlich das Ersuchen gemäß Art. 69 III GG — den vom Bundeskanzler gewünschten Effekt nehmen. Der Bundeskanzler kann dann seinerseits einen ihm genehmen Minister beauftragen[41]. In Anbetracht dieser Möglichkeit des Bundeskanzlers wird der Bundespräsident wenig Neigung verspüren, das Ersuchen gemäß Art. 69 III GG über den Kopf des Bundeskanzlers hinweg an einen Bundesminister zu richten.

Unter den gleichen Bedingungen, wie beim Ersuchen an den Bundeskanzler beschrieben[42], besteht die Möglichkeit, einen Minister mit der Weiterführung eines anderen Ressorts neben seinem eigenen zu betrauen. Sollten soviele Minister ausfallen, daß eine Weiterführung der Geschäfte der Bundesregierung durch die verbleibenden Minister nicht gesichert ist, dann besteht für diesen unwahrscheinlichen Fall die Möglichkeit, parlamentarische und notfalls sogar beamtete Staatssekretäre oder Politiker mit der Weiterführung zu beauftragen[43].

Der Bundeskanzler bzw. der Bundespräsident *muß* von dieser Möglichkeit Gebrauch machen; denn an der Spitze jedes Ministeriums muß jederzeit ein Minister stehen, den das Parlament für die Arbeit des Ressorts verantwortlich machen kann[44]. Auf die Vertretungsvorschrift des § 14 GOBReg kann nicht zurückgegriffen werden; denn diese regelt nach eindeutigem Wortlaut nur die Vertretung bei Verhinderung und nicht die bei Ausscheiden aus dem Amt[45]. Es besteht Anlaß, darauf hinzuweisen; denn gegen diese Regel ist schon mehrfach verstoßen worden[46].

---

[41] Ähnlich *Maunz*, in: *Maunz - Dürig*, a.a.O., Art. 69 Rdn. 7, der jedoch annimmt, der geschäftsführende Bundeskanzler könne einen neuen Minister nach Art. 64 GG ernennen lassen. Das ist aber nicht möglich, vgl. unten Anm. 43 dieses Abschnitts.

[42] s. oben IX, 3, a, aa.

[43] Diese werden dann nicht zu voll amtierenden Ministern, sondern ebenfalls zu geschäftsführenden. Wenn der Bundeskanzler nur noch geschäftsführend im Amt ist, kann es gemäß Art. 69 II GG auch nur geschäftsführende Minister geben. In diesem Fall liegt eine Beauftragung gemäß Art. 69 III und keine Ministerernennung gemäß Art. 64 I GG vor. Vgl. dazu *Lutz*, a.a.O., S. 77.

[44] *Lutz*, a.a.O., S. 47—51.

[45] *Lutz*, a.a.O., S. 48—51.

[46] *Lutz*, a.a.O., S. 51, nennt folgende Fälle: Entlassung von Landwirtschaftsminister *Lübke* am 12. 9. 1959, Ernennung seines Nachfolgers *Schwarz* am 30. 9. 1959; als Nachfolger des am 27. 2. 1960 verstorbenen Schatzministers

cc) Kritik

Menzels These, daß die Formulierung des Art. 69 III GG zwar für den Normalfall unzweckmäßig ist, aber für den anomalen Fall, daß kein Bundeskanzler da ist, Sinn hat[47], ist im Prinzip zuzustimmen.

De lege ferenda wäre jedoch eine Lösung in Analogie zur Kanzler- und Ministerernennung vorzuziehen. Das Ersuchen zur Weiterführung der Geschäfte des Bundeskanzlers wäre gegenzeichnungsfrei, und zwar beim Ersuchen an den zurückgetretenen Kanzler aus den gleichen Gründen wie bei der Ernennung des Mehrheitskanzlers. Muß der Bundespräsident im anormalen Fall einen Minister mit der Wahrnehmung der Geschäfte des Bundeskanzlers beauftragen, dann wäre das — ähnlich der Ernennung des Minderheitskanzlers — ein Fall der außerordentlichen Kompetenzen des Bundespräsidenten.

Ist einmal ein geschäftsführender Bundeskanzler im Amt, dann besteht kein Grund mehr, das Ersuchen an die Minister von der Gegenzeichnung auszunehmen. Wie bei der Ministerernennung entscheidet der geschäftsführende Bundeskanzler, wer wozu ersucht wird, und der Bundespräsident ist formeller Aktautor. Weitere Einzelfragen — etwa, ob der Bundespräsident ein Vetorecht hat, wenn ein ehemaliger Minister, der geschäftsführender Bundeskanzler wird, sinnloserweise die Zusammensetzung der Bundesregierung grundlegend ändern will — können getrost der Praxis überlassen werden. Zu unerträglichen Zuständen kann das nicht führen, weil das Parlament das Recht und die Pflicht hat, die geschäftsführende Regierung baldmöglichst durch eine vollgültige parlamentarische Regierung zu ersetzen.

b) *Das Einberufungsverlangen gemäß Art. 39 III S. 3 GG*

Im Gegensatz zum Reichspräsidenten ist der Bundespräsident nicht als Gegengewicht zum Bundestag zu verstehen[48]. Der Reichspräsident konnte jederzeit eine Tagung des Reichstags verlangen (Art. 24 WRV),

---

Lindrath wurde am 12. 4. 1960 *Wilhelmi* ernannt; die Nachfolge von Vertriebenenminister *Oberländer* trat *v. Merkatz* erst nach fast sechs Monaten an. Korrekt wurde jedoch verfahren nach dem Tod des Innenministers *Wildermuth* am 8. 3. 1952, dessen Ressort Minister *Blücher* bis zum 15. 7. 1952 verwaltete. Nach dem Rücktritt der vier FDP-Minister am 27. 10. 1966 beauftragte Bundeskanzler *Erhard* unverzüglich Minister der CDU/CSU, die Geschäfte der freigewordenen Ressorts vorübergehend wahrzunehmen, vgl. *Lutz*, a.a.O., S. 63.

[47] In: Bonner Kommentar, Art. 58, Erl. II 4 a cc.

[48] *Nawiasky*, Grundgedanken, S. 115; *Maunz*, in: *Maunz - Dürig*, a.a.O., Art. 54 Rdn. 4; *v. Mangoldt - Klein*, a.a.O., S. 1059; *Leisner*, a.a.O., S. 1068; *Schlochauer*, a.a.O., S. 59.

ein Recht, das im Rahmen seiner übrigen Kompetenzen durchaus seinen Platz hatte[49]. Dieses Recht wurde „ohne gründliche Überlegung"[50] auf den Bundespräsidenten übertragen. Es ist deshalb von der Gegenzeichnung ausgenommen, weil auch der Bundeskanzler die Einberufung verlangen kann, eine Alternative, die bei Gegenzeichnungsbedürftigkeit sinnlos wäre[51]. Der Bundeskanzler könnte dann nämlich entscheiden, ob er sein Einberufungsverlangen vom Bundespräsidenten mitunterzeichnen läßt oder nicht.

Die Literatur ist immer noch auf der Suche nach einer sinnvollen Anwendungsmöglichkeit dieses Rechts. Der Bundespräsident hat nämlich nicht das Recht, Botschaften an den Bundestag zu richten[52] und hat auch keinen Einfluß auf die Tagesordnung des Bundestags[53]. Über den Wahlvorschlag des Bundespräsidenten gemäß Art. 63 I GG muß der Bundestag auch ohne Einberufungsverlangen abstimmen. Dieses Recht hat daher kaum Aussicht, je aktuell zu werden[54]. Es ist überflüssig. Da ein Mißbrauch nicht zu erwarten ist, ist seine Abschaffung jedoch nicht dringend.

4. Unechte Ausnahmen von der Gegenzeichnungspflicht

Als unechte Ausnahmen sollen Fälle bezeichnet werden, in denen eine Gegenzeichnung deshalb nicht zu fordern ist, weil der Bundespräsident entweder nicht als Staatsorgan oder nicht nach außen handelt. Solche Handlungen sind keine Regierungsakte und deshalb gegenzeichnungsfrei.

a) Privatakte

aa) Definition

Ob ein Privatakt oder ein amtlicher Akt des Bundespräsidenten vorliegt, hängt nicht davon ab, wie der Akt gemeint war[55], sondern davon,

---

[49] Dennoch war es gegenstandslos, weil es nur geltend gemacht werden konnte, wenn der Reichstag geschlossen war, vgl. *Ludwig Gebhard:* Handkommentar zur Verfassung des Deutschen Reiches vom 11. August 1919, München, Berlin und Leipzig, 1932, Art. 24 Erl. 5; *Roß,* a.a.O., S. 550. Der Reichstag tagte aber permanent und vertagte sich nur. Art. 39 III GG spricht von „Sitzung", so daß das Einberufungsrecht des Bundespräsidenten praktischen Wert hat.

[50] *Nawiasky,* Grundgedanken, S. 112.

[51] *Küchenhoff,* a.a.O., S. 682; *Dietrich Gruber:* Die Stellung des Regierungschefs in Deutschland und Frankreich, Hamburg 1964, S. 38.

[52] *Leisner,* a.a.O., S. 1068; a. A. *Otto Koellreutter:* Deutsches Staatsrecht, Stuttgart 1953, S. 200; *Knöpfle,* a.a.O., S. 716.

[53] *Roß,* a.a.O., S. 574.

[54] a. A. o. Begr. *v. Mangoldt - Klein,* a.a.O., S. 907.

[55] So aber *Fritz Frhr. Marschall v. Bieberstein:* Die Verantwortlichkeit der

ob er geeignet ist, politische Folgen zu haben oder nicht. Es ist davon auszugehen, daß politische Meinungsäußerungen des Bundespräsidenten nie privat sind, außer im allerengsten Familienkreis. Daß sich der Bundespräsident als Staatsorgan nicht auf Grundrechte, etwa das der freien Meinungsäußerung, berufen kann, bedarf keiner Erörterung[56]. Bedingt durch seine exponierte Stellung ist der Bereich des Privaten beim Bundespräsidenten enger zu ziehen als bei anderen Inhabern öffentlicher Ämter. Schon der Entschluß des Bundespräsidenten, in einem Staat Urlaub zu machen, zu dem die Bundesrepublik keine diplomatischen Beziehungen unterhält, ist kein Privatakt mehr.

bb) Der Amtsverzicht

Seit dem Beginn des 19. Jahrhunderts wird nicht mehr ernsthaft bezweifelt, daß das Staatsoberhaupt auf sein Amt verzichten darf[57]. Die ältere Literatur sah den Thronverzicht teilweise als unrechtmäßig an, weil sie davon ausging, daß der Monarch seine Stellung durch einen Vertrag erhalten habe, den er nicht einseitig aufkündigen könne[58]. Diese Ansicht scheiterte an der mangelnden Durchsetzbarkeit: man kann niemanden zur Amtsausübung zwingen. Das zeigt bereits die Abdankung *Karls V.* als römischer Kaiser im Jahre 1556. Die Kurfürsten wollten ein Bewilligungsrecht in Anspruch nehmen. Dem wußte sich Karl zu entziehen, indem er vollendete Tatsachen schuf: er reiste nach Spanien ab und ließ den Kurfürsten seinen Entschluß durch Gesandte mitteilen[59].

Nach herrschender Lehre ist der Amtsverzicht ein Privatakt und daher gegenzeichnungsfrei[60]. Daß die Entscheidung über den Rücktritt ein Privatakt ist, kann nicht geleugnet werden. Man könnte jedoch geltend machen, daß das Amt des Staatsoberhaupts ein Bündel von Rechten und Pflichten sei und daß man auf Pflichten nicht einfach verzich-

---

Reichsminister, in: Handbuch des Deutschen Staatsrechts, herausgegeben von Gerhard Anschütz und Richard Thoma, 1. Bd., Tübingen 1930, S. 531.

[56] Vgl. *v. Münch*, a.a.O., S. 82 m. Nachw.

[57] *Hans v. Frisch:* Der Thronverzicht. Ein Beitrag zur Lehre vom Verzicht im öffentlichen Recht, Tübingen 1906, S. 73 Anm. 1.

[58] Vgl. *v. Frisch*, a.a.O., S. 51 ff.

[59] Vgl. *v. Frisch*, a.a.O., S. 29 ff.

[60] *v. Mangoldt - Klein*, a.a.O., S. 1111 m. Nachw.; *Norbert Paterok:* Die Wahrnehmung der Befugnisse des Bundespräsidenten durch den Präsidenten des Bundesrates, Art. 57 GG, Diss. München 1966, S. 50 m. Nachw.; a. A. *Karl Kormann:* System der rechtsgeschäftlichen Staatsakte, Berlin 1910, Neudruck Aalen 1962, S. 171, 294; *Wilhelm Hoepfner:* Das Erfordernis der ministeriellen Gegenzeichnung nach dem Staatsrecht Preußens und des Deutschen Reiches, Diss. Leipzig 1912, S. 26.

ten könne[61]. Der Amtsverzicht müsse sich daher aus zwei Akten zusammensetzen: einem Privatakt, nämlich der Entscheidung des Bundespräsidenten, die als Entlassungsgesuch zu werten sei, und einem öffentlich-rechtlichen Akt, nämlich der Entlassung. Für die Entlassung wäre der Bundespräsident in Ausübung seines Amtes selbst zuständig. Diese „Selbstentlassung"[62] könnte ebenso gegengezeichnet werden wie eine Ministerentlassung. Da die Entlassung nicht verweigert werden kann, dürfte die Bundesregierung nur prüfen, ob wirklich eine Willenserklärung zum Rücktritt vorliegt. Ein Vetorecht stünde ihr nicht zu.

Es gibt jedoch keine Beispiele einer formellen Selbstentlassung des Staatsoberhaupts. In der Gewißheit, daß diese nicht verweigert werden kann, haben Staatsoberhäupter regelmäßig Entlassungsgesuch und Entlassung zur Rücktrittserklärung zusammengezogen. Zwischen den verschiedenen Auffassungen über die Rechtsnatur der Rücktrittserklärung besteht daher ein formaljuristischer, aber kein politischer Unterschied.

Da man dem Staatsoberhaupt nicht damit drohen kann, es gegen seinen Willen im Amt zu halten, kann zwar eine bestimmte Form für den Rücktritt gefordert werden; aber bei Nichteinhaltung kann man nicht mit der Unwirksamkeit des Rücktritts drohen. Jede eindeutige Willenserklärung ist daher gültig. Die Geschichte kennt mehrere mündlich ausgesprochene Thronverzichte: *König Karl Albert von Sardinien* erklärte nach der Schlacht von Novara am 23. März 1849 mündlich seinen Rücktritt und reiste ohne Gefolge ab. Auch später wurde keine Urkunde ausgestellt[63]. Andere Beispiele für mündlich erklärte Abdankungen finden sich 1886 in Bulgarien und 1889 in Serbien[64].

Die Regel ist die ohne Gegenzeichnung erfolgte Rücktrittserklärung[65]. Es gibt aber auch Beispiele einer Abdankung unter Gegenzeichnung eines Ministers[66]. Die Gegenzeichnung hat hier nur beglaubigenden Charakter.

Bundespräsident *Lübke* hat am 14. Oktober 1968 auf einem Empfang anläßlich seines 74. Geburtstags seinen Rücktritt mit Wirkung vom

---

[61] *Kormann*, a.a.O., S. 171.

[62] *Kormann*, a.a.O., S. 171.

[63] Vgl. *v. Frisch*, Thronverzicht, S. 45 f.

[64] *v. Frisch*, a.a.O., S. 81.

[65] z. B. die Abdankung *Wilhelms II.* am 28. November 1918.

[66] z. B. die Abdankung *Kaiser Ferdinands von Österreich* am 2. Dezember 1848, die von *Fürst Schwarzenberg* gegengezeichnet war. Die Niederlegung der Kaiserkrone durch *Franz II.* (6. August 1806) wurde von *Graf Stadion* gegengezeichnet. Sie war allerdings mehr als ein Rücktritt; denn sie führte zur faktischen Auflösung des Reiches; vgl. *Ernst Rudolf Huber*, Verfassungsgeschichte, Bd. I, S. 71—74.

30. Juni 1969 erklärt[67]. Diese mündliche Erklärung wäre wirksam gewesen, entsprach jedoch nicht den Anforderungen, die man an die Form eines so bedeutenden Akts stellen sollte. Der Bundespräsident entschloß sich daher am 6. Juni 1969 (nach der Wahl seines Nachfolgers!), in Briefen an den Bundestagspräsidenten, den Bundesratspräsidenten und den Bundeskanzler seinen Rücktritt zu erklären. Damit hat der Bundespräsident — wenn auch spät — eine Form gefunden, die nicht zu beanstanden ist.

Glücklicher wäre es gewesen, wenn der Rücktritt sofort in einem Brief an den Bundestagspräsidenten in seiner Eigenschaft als Präsident der Bundesversammlung erklärt worden wäre. Dieser Brief hätte veröffentlicht werden sollen. Die Briefe an den Bundesratspräsidenten und den Bundeskanzler gehen über das hinaus, was für die einwandfreie Form des Rücktritts zu fordern ist. Sie sind ein begrüßenswerter Akt der politischen Höflichkeit gegenüber dem Repräsentanten der Länder und dem Regierungschef.

b) Innerdienstliche Akte

Innerdienstliche Akte des Bundespräsidenten im Rahmen des Bundespräsidialamts bedürfen keiner Gegenzeichnung, weil der Bundespräsident nach außen nicht handelt[68]. So wird die Ernennung der Beamten gehandhabt, bei denen — wären sie in einem Ministerium tätig — nur der Minister unterzeichnen würde. Bei der Ernennung der höheren Beamten in einem Ministerium unterzeichnet der Bundespräsident unter Gegenzeichnung des Ministers. Im Bundespräsidialamt hat es sich eingebürgert, daß in solchen Fällen der Bundeskanzler die Ernennung gegenzeichnet.

Im Rahmen der Gegenzeichnungsinterpretation dieser Arbeit läßt sich kein Grund für diese Übung finden. Der Bundeskanzler entscheidet nämlich nicht, mit welchen Beamten sich der Bundespräsident umgibt. Eine solche Praxis müßte auch entschieden abgelehnt werden; denn wenn der Kanzler seine Vertrauensleute ins Bundespräsidialamt einschleusen dürfte, könnte man den Bundespräsidenten nicht mehr für die Handlungen seiner engsten Mitarbeiter verantwortlich machen, die von seinen eigenen Handlungen von außen kaum zu unterscheiden sind.

Auch eine Ausnahme wie bei der Ordensverleihung und der Genehmigung zur Annahme ausländischer Orden kommt nicht in Betracht;

---

[67] Text der Ansprache des Bundespräsidenten: Bulletin des Presse- und Informationsamtes der Bundesregierung Nr. 131 v. 16. Oktober 1968, S. 1131.
[68] *Pöttgen*, a.a.O., S. 119; *Kastner*, a.a.O., S. 92.

denn dann hätte der Bundeskanzler immer noch ein sachliches Prüfungsrecht. Mehr als eine rechtliche Prüfungskompetenz und das Recht zu Gegenvorstellungen hat der Bundeskanzler aber nicht.

Vom staatsrechtlichen Standpunkt aus ist die Gegenzeichnung bei der Ernennung von Beamten des Bundespräsidialamts als überflüssig zu bezeichnen. Insbesondere ist nicht einzusehen, warum die Gegenzeichnung sich auf die höheren Beamtenränge beschränkt. Der Grund dürfte protokollarischer Art sein; in den Ministerien ist die Ernennung mit zwei Unterschriften eine Art Statussymbol der höheren Beamtenränge. Da die höheren Beamten des Bundespräsidialamts meist aus den Ministerien kommen, könnten sie eine Ernennung mit einer Unterschrift fälschlich als Degradierung ansehen. Das dürfte der Hauptgrund für die Mitunterzeichnung des Bundeskanzlers sein.

Den innerdienstlichen Akten vergleichbar sind Akte, durch die der Bundespräsident den Umfang seiner Rechte feststellen lassen will, sei es durch die Anforderung von Rechtsgutachten oder durch eine Organklage vor dem Bundesverfassungsgericht. In beiden Fällen darf die Klärung nicht von der Gegenzeichnung der Bundesregierung abhängig gemacht werden.

Eine Gegenzeichnung ist aber nur dann überflüssig, wenn es um *materielle* Rechte und Pflichten des Bundespräsidenten geht. Ist der Bundespräsident nur formeller und die Bundesregierung materieller Aktautor, so sind in Wirklichkeit Rechte der Bundesregierung strittig. Es wäre dann eine alleinige Klage der Bundesregierung zweckmäßig, evtl. auch eine Klage des Bundespräsidenten unter Gegenzeichnung der Bundesregierung.

X. Die Gegenzeichnung
bei der Ausfertigung der Gesetze

1. Das Verhältnis der Art. 82 I und 58 GG zueinander

In dieser Arbeit wurde der Versuch gemacht, allgemeine Regeln auf-
zustellen, die unterschiedslos für alle Fälle von Gegenzeichnung gelten
sollen. Die Gegenzeichnung bei der Ausfertigung der Gesetze wurde
dabei ausdrücklich ausgeklammert[1]. Wer in jedem Gegenzeichnungs-
fall die politischen Gewichte anders verteilt, für den ergibt sich kein
Problem daraus, daß die Gegenzeichnung bei der Ausfertigung der
Gesetze wieder anders beurteilt werden muß. Das Vorgehen dieser
Arbeit führt aber zu der Frage: regelt Art. 58 GG mit derselben Formulierung zwei unterschiedliche Tatbestände, nämlich die Gegenzeichnung bei Regierungsakten und Gesetzen, oder bezieht er sich nur auf
die Gegenzeichnung der Regierungsakte, während die Gegenzeichnung
bei der Ausfertigung der Gesetze direkt aus Art. 82 I GG folgt?

a) Die historische Interpretation

Die Preußische Verfassungs-Urkunde von 1850, die Reichsverfassung
von 1871 und die Weimarer Reichsverfassung ordnen nicht eigens die
Gegenzeichnung bei der Ausfertigung der Gesetze an. Da sie trotzdem
geübt wurde, muß man damals die Gesetze als „Regierungsakte des
Königs" (PrVU) oder „Anordnungen und Verfügungen" (RV 71, WRV)
angesehen haben.

Die Beratungen des Parlamentarischen Rats zeigen eine merkwürdige Unsicherheit in dieser Frage: Man war sich offenbar nicht klar, ob
die Gegenzeichnung bei der Ausfertigung der Gesetze bereits aus
Art. 58 GG folgte oder nicht. Die Gegenzeichnungsvorschrift des Art.
82 I GG wurde daher zunächst eingefügt, dann als überflüssig gestrichen und schließlich ohne Begründung doch wieder aufgenommen[2].

b) Die Literaturmeinungen

In der Literatur wird das Problem nur beiläufig behandelt. Nach der
Ansicht der herrschenden Lehre fallen Gesetze unter die laut Art. 58

---

[1] s. oben IV, 5.
[2] Vgl. JÖR NF 1, S. 614 f.

GG gegenzeichnungspflichtigen Anordnungen und Verfügungen[3]. Die meisten Autoren stellen die Frage allerdings gar nicht erst und gehen von dieser Ansicht als selbstverständlich aus.

c) Die Behandlung der Gegenzeichnung in der Geschäftsordnung der Bundesregierung

Die folgenden Überlegungen sind nicht als Versuch zu verstehen, das Grundgesetz nach Maßgabe der Geschäftsordnung der Bundesregierung auszulegen. Gegen eine solche Methode wären erhebliche Bedenken anzumelden. Eine Untersuchung der Geschäftsordnung der Bundesregierung kann aber zeigen, wie die Bundesregierung das Grundgesetz ausgelegt hat.

§ 29 I GOBReg behandelt die Gegenzeichnung der Gesetze und schreibt die doppelte Gegenzeichnung durch den Bundeskanzler und den zuständigen Bundesminister vor. In § 29 II GOBReg ist für „Verfügungen und Anordnungen" die einfache Gegenzeichnung durch den zuständigen Bundesminister vorgeschrieben. Art. 58 GG schreibt ausdrücklich die einfache Gegenzeichnung vor, während Art. 82 I GG die Frage offen läßt, ob einfache oder doppelte Gegenzeichnung erfolgen soll.

Die Autoren, die Art. 82 I GG in bezug auf die Gegenzeichnung als lex specialis zu Art. 58 GG ansehen, stellen daher bei § 29 I GOBReg eine Abweichung von der Vorschrift der einfachen Gegenzeichnung des Art. 58 GG fest[4]. Diese Bedenken erledigen sich, sobald man die Art. 58 und 82 I GG als voneinander unabhängige Gegenzeichnungsvorschriften auffaßt. Es ist anzunehmen, daß die Bundesregierung und ihre Ministerialbürokratie bei der Abfassung der Geschäftsordnung der Bundesregierung davon ausgegangen sind.

In dieser Arbeit wird ebenfalls davon ausgegangen, daß Gesetze nicht unter die „Anordnungen und Verfügungen des Bundespräsidenten" gemäß Art. 58 GG fallen. Diese Ansicht kann ebensowenig juristisch begründet werden wie die Gegenmeinung. Sie rechtfertigt sich allein dadurch, daß sie praktikabel ist und eine Reihe von Schwierigkeiten vermeidet, die durch das Zusammenwerfen der Gegenzeichnung nach Art. 58 und der nach Art. 81 I GG künstlich geschaffen würden.

---

[3] *Hans Lechner* und *Klaus Hülshoff:* Parlament und Regierung, 2. Aufl., München und Berlin 1958, S. 346 (Anm. 3 zu § 29 GOBReg); *v. Mangoldt - Klein,* a.a.O., S. 1112; *Maunz,* in: *Maunz - Dürig,* a.a.O., Art. 58 Rdn. 2; *Menzel,* in: Bonner Kommentar, Art. 58 Erl. II 3 a; *Servatius,* a.a.O., S. 39; a. A. *Pöttgen,* a.a.O., S. 88.

[4] z. B. *Menzel,* in: Bonner Kommentar, Art. 58 Erl. II 5.

2. Die Prüfungskompetenzen des Bundespräsidenten

a) Rechtliche Prüfungskompetenz

Bei Regierungsakten ist der Bundespräsident formeller und die gegenzeichnende Bundesregierung materieller Aktautor. Bei Gesetzen ist dagegen das Parlament der materielle Aktautor. An der Rolle des Bundespräsidenten ändert sich jedoch nichts. Es liegt daher nahe, diesem auch bei der Ausfertigung der Gesetze eine rechtliche, also formelle und materielle Prüfungskompetenz einzuräumen[5]. Das ist die Ansicht der überwiegenden Lehre[6].

Die Begründung der Mehrheitsmeinung macht gewisse Schwierigkeiten; denn der Wortlaut des Art. 82 I GG berechtigt den Bundespräsidenten nur zur Prüfung, ob das Gesetz ordnungsgemäß zustande gekommen ist (formelle Prüfung). Der Hinweis auf die staatsrechtliche Verantwortlichkeit des Bundespräsidenten gemäß Art. 61 GG[7] wäre ein Zirkelschluß[8]; denn wenn der Bundespräsident keine materielle Prüfungskompetenz hat, dann kann er wegen Ausfertigung eines verfassungswidrigen Gesetzes auch nicht zur Verantwortung gezogen werden. Das Hauptargument für eine materielle Prüfung ist die Schwierigkeit ihrer Abgrenzung gegenüber der formellen Prüfung[9].

---

[5] Ein sachliches Prüfungsrecht bei der Ausfertigung der Gesetze steht dem Bundespräsidenten nach allgemeiner Ansicht nicht zu.

[6] *Albert,* a.a.O., S. 25; *Georg Anders:* Zum Prüfungsrecht des Bundespräsidenten, in: DÖV 1963, S. 657; *Claus Arndt:* Das Prüfungsrecht des Bundespräsidenten, in: DÖV 1958, S. 604 ff.; *Willi Guntermann:* Die Stellung des Bundespräsidenten in der Gesetzgebung, Diss. Marburg 1954, S. 59; *Hamann,* Grundgesetz, S. 359; *Herrfahrdt,* in: Bonner Kommentar, Art. 82 Erl. II 1; *Hesse,* a.a.O., S. 241; *Janssen,* a.a.O., S. 122; *Kimminich,* VVDStRL 25, S. 253; *Kniesch,* NJW 1960, S. 1327; *Knöpfle,* a.a.O., S. 176; *Jacob Kratzer:* Zustimmungsgesetze, in: AÖR 77, S. 282; *Küppers,* a.a.O., S. 63; *Bruno Lindlar:* Ausfertigung und Verkündung von Gesetzen durch den Bundespräsidenten, Diss. Köln 1951, S. 42; *v. Mangoldt - Klein,* a.a.O., S. 2037 ff.; *Maunz,* in: *Maunz - Dürig,* a.a.O., Art. 82 Rdn. 2; *Nawiasky,* Grundgedanken, S. 112 ff.; *Roß,* a.a.O., S. 654; *Fred Sahlmüller:* Ausfertigung und Verkündung von Gesetzen in Bund und Ländern, Diss. Würzburg 1966, S. 39; *Friedrich Schack:* Die Prüfungszuständigkeit des Bundespräsidenten bei der Ausfertigung der Gesetze, in: AÖR 89, S. 92; *Hans Schäfer:* Das materielle Prüfungsrecht bei der Ausfertigung von Gesetzen, in: DVBl. 1951, S. 436; *Schlochauer,* a.a.O., S. 62; *Schmidt-Bleibtreu* und *Klein,* a.a.O., S. 397; *v. Wedel,* a.a.O., S. 137 f.; *Gisela Wild:* Die Ausfertigung von Gesetzen und Rechtsverordnungen und die Anordnung zu ihrer Verkündung, Heidelberg 1969, S. 54—62.

[7] Vgl. *Claus Arndt,* DÖV 1958, S. 605; *v. Mangoldt - Klein,* a.a.O., S. 2040, 2042.

[8] *Ernst Friesenhahn:* Zum Prüfungsrecht des Bundespräsidenten, in: Die moderne Demokratie und ihr Recht. Festschrift für Gerhard Leibholz zum 65. Geburtstag, 2. Bd., Herausgegeben von Karl Dietrich Bracher u. a., Tübingen 1966, S. 686.

[9] s. unten X, 2, c.

b) Die Prüfung kann vom Bundes-
verfassungsgericht nachvollzogen werden

Lehnt der Bundespräsident die Ausfertigung eines Gesetzes ab, dann riskiert er eine Organklage nach Art. 93 I Nr. 1 GG. Das Bundesverfassungsgericht kann dann feststellen, daß das Gesetz nicht verfassungswidrig ist und die Ausfertigung zu Unrecht abgelehnt wurde. Hat der Bundespräsident dagegen ein Gesetz ausgefertigt, so kann das Bundesverfassungsgericht nach Art. 93 I Nr. 2 GG (abstrakte Normenkontrolle) auf Antrag der Bundesregierung, einer Landesregierung oder eines Drittels der Mitglieder des Bundestags die Vereinbarkeit mit dem Grundgesetz nachprüfen[10].

Da der Bundespräsident immer mit der Nachprüfung seiner Entscheidung rechnen muß, wird er sich bemühen, im mutmaßlichen Sinn des Bundesverfassungsgerichts zu entscheiden. Er wird die Ausfertigung eines Gesetzes nicht leichtfertig ablehnen; denn es wäre seinem Ansehen nicht förderlich, wenn das Bundesverfassungsgericht seine Bedenken als völlig grundlos bezeichnete. Bei einer mißbräuchlichen Ablehnung aus politischen Gründen sind sogar die Voraussetzungen für eine Präsidentenanklage gegeben.

Die Prüfungskompetenzen des Bundespräsidenten sind gegen Mißbrauch genügend abgesichert. Rechte des Bundestags und der Bundesregierung werden durch sie nicht beeinträchtigt. Es bestehen von dieser Seite keine Bedenken, dem Bundespräsidenten bei der Ausfertigung der Gesetze eine formelle und materielle Prüfungsbefugnis einzuräumen.

c) Die Beschränkung des Bundespräsidenten
auf die formelle Prüfungskompetenz

Das Bedürfnis nach einer materiellen Prüfung durch den Bundespräsidenten wird jedoch von einigen Autoren bestritten. Tatsächlich scheitert nur ein kleiner Teil der verfassungswidrigen Gesetze an der präsidialen Prüfung. Außerdem kann der Bundespräsident im Gegensatz zum Bundesverfassungsgericht nur das ganze Gesetz verwerfen, während in der Regel lediglich ein Teil davon verfassungswidrig ist[11]. Er wird die Ausfertigung daher nur ablehnen, wenn ein wesentlicher Teil des Gesetzes gegen das Grundgesetz verstößt.

---

[10] Das Bundesverfassungsgericht überprüfte auf Antrag einiger Landesregierungen die Verfassungsmäßigkeit des Gesetzes über die Stiftung Preußischer Kulturbesitz; vgl. BVerfGE 10, S. 20 ff.; DÖV 1959, S. 690 ff.

[11] *Friesenhahn,* in: Festschrift für Leibholz, S. 691, Anm. 24.

Unter Berufung auf den Wortlaut des Art. 82 I GG möchten einige
Autoren den Bundespräsidenten auf eine formelle Prüfung beschränken[12]. Die größte Schwierigkeit dieser Ansicht ist die Abgrenzung von
formeller und materieller Prüfung. Wird ein verfassungsänderndes
Gesetz nach den Vorschriften für einfache Gesetze beschlossen, dann
kann man es als ein formell verfassungswidriges verfassungsänderndes Gesetz ansehen, aber auch als ein materiell verfassungswidriges
einfaches Gesetz. Ohne Inhaltsprüfung ist die Verfassungswidrigkeit
nicht festzustellen. Daran ändert auch das Zitiergebot des Art. 79 I S. 1
GG nichts; denn in den fraglichen Fällen wird es gerade nicht beachtet
sein.

Eine Beschränkung des Bundespräsidenten auf die formelle Prüfung
ist nur möglich, indem der Bundespräsident die in Anspruch genom-
mene Kompetenz des Gesetzgebers und dessen Einordnung des Gesetzes als einfach, föderativ oder verfassungsändernd ohne Prüfung
akzeptiert und nur kontrolliert, ob der Gesetzesbeschluß tatsächlich
nach dem dafür vorgeschriebenen Verfahren zustande gekommen ist[13].
Nach dieser Ansicht wäre der Bundespräsident verpflichtet, auch offensichtlich verfassungswidrige Gesetze auszufertigen. Freilich wird gegen
diese sicher auf irgendeine Weise ein Normenkontrollverfahren in
Gang gebracht, aber vorerst ist das Gesetz in Kraft.

d) Bildung eines Gewohnheitsrechts?

Mit dem vom Grundgesetz gewollten parlamentarischen Regierungssystem sind beide Literaturmeinungen vereinbar. Es soll nun noch ein
Blick auf die Verfassungswirklichkeit geworfen werden, um zu entscheiden, ob sich vielleicht ein Gewohnheitsrecht gebildet haben könnte.

Der Bundespräsident prüft auch die materielle Verfassungsmäßigkeit von Gesetzen. Das geschieht zunächst innerhalb des Bundespräsidialamts[14] und bei stärkeren Zweifeln durch die Anforderung gutacht-
licher Stellungnahmen von Bundesministerien[15]. Es hat sich die Übung

---

[12] *Friesenhahn*, VVDStRL 16, S. 71, 152, und Festschrift für Leibholz,
S. 680 ff.; *Clemens Ladenburger:* Die Prüfungszuständigkeit des Bundespräsidenten bei der Ausfertigung von Gesetzen, Diss. Tübingen 1966, S. 116;
Karlheinz Rode: Die Ausfertigung der Bundesgesetze, Berlin 1968, S. 87 ff.;
Ekkehart Stein, a.a.O., S. 91; *Wilhelm Wertenbruch:* Für und wider das
materielle Prüfungsrecht des Bundespräsidenten, in: DÖV 1952, S. 204.
[13] *Ladenburger*, a.a.O., S. 26.
[14] *Wild*, a.a.O., S. 91 f. nennt 32 Fälle aus den Jahren 1960—1967, in denen
das Bundespräsidialamt die Verfassungsmäßigkeit eines Gesetzes überprüft
hat.
[15] Hierfür nennt *Wild*, a.a.O., S. 89 f., 30 Fälle aus den Jahren 1960—1967.

herausgebildet, daß der Bundespräsident nur bei wesentlichen und offensichtlichen materiellen Mängeln die Ausfertigung ablehnt.

Bundespräsident *Lübke* hat das am 9. November 1960 vom Bundestag beschlossene Gesetz gegen den Betriebs- und Belegschaftshandel wegen Unvereinbarkeit mit Art. 12 I GG nicht ausgefertigt[16].

Am 22. September 1969 teilte Bundespräsident *Heinemann* dem Bundestagspräsidenten mit, daß er eine Novelle zum Ingenieurgesetz nicht ausfertigen werde, nachdem dieses Gesetz selbst am 25. Juni 1969 (nach der parlamentarischen Beschlußfassung über die Novelle) vom Bundesverfassungsgericht für verfassungswidrig erklärt worden war[17]. Hier wäre die Verkündung einer in der Luft hängenden Novelle sinnlos gewesen. Dieser Fall eignet sich daher besonders gut als Argument für die Befürworter einer materiellen Prüfungskompetenz des Bundespräsidenten.

Im Mai 1970 wurde bekannt, daß Bundespräsident *Heinemann* sich geweigert hat, das Architektengesetz auszufertigen, und zwar aus dem gleichen Grund, aus dem das Bundesverfassungsgericht das Ingenieurgesetz für nichtig erklärte: mangelnde Kompetenz des Bundes zur Regelung der Materie[18].

Ein Organverfahren gegen den Bundespräsidenten hat der Bundestag in keinem der drei Fälle angestrengt. Das ist als Anerkenntnis aufzufassen, daß die Gesetze verfassungswidrig waren. Die Fälle wurden auch nicht zum Anlaß genommen, dem Bundespräsidenten das Recht zur materiellen Prüfung der Gesetze abzusprechen. Daraus ist der Schluß zu ziehen, daß ein Gewohnheitsrecht in Bildung begriffen ist, das dem Bundespräsidenten die Kompetenz zur materiellen Prüfung der Gesetze zubilligt.

3. Die Prüfungskompetenz der Bundesregierung

Es ist umstritten, ob die Bundesregierung die Gegenzeichnung von Gesetzen verweigern darf, die sie für verfassungswidrig hält. Die Reichsregierung hat mehrere Gesetze, die sie für verfassungswidrig hielt, dem Reichspräsidenten überhaupt nicht vorgelegt und dadurch die Prüfung an sich gezogen[19]. Auch dem Bundespräsidenten ist in einem Fall ein Gesetz nicht vorgelegt worden[20].

---

[16] Vgl. *Anders,* DÖV 1963, S. 653.

[17] Vgl. Frankfurter Allgemeine Zeitung Nr. 224 v. 27. Sept. 1969, S. 6; Nr. 103 v. 5. Mai 1970, S. 6.

[18] Vgl. Frankfurter Allgemeine Zeitung Nr. 103 v. 5. Mai 1970, S. 6.

[19] Vgl. *Anschütz,* a.a.O., S. 368; *Bund zur Erneuerung des Reiches:* Die Rechte des Reichspräsidenten nach der Reichsverfassung, Berlin 1929, S. 65,

Ein Teil der Lehre spricht der Bundesregierung das Recht ab, die Ausfertigung eines Gesetzes zu verhindern[21]. Andere Autoren billigen ihr das gleiche Ablehnungsrecht zu wie dem Bundespräsidenten[22].

In jedem Fall ist es Sache der Bundesregierung, den Bundespräsidenten bei seiner Prüfung zu beraten und im Zweifelsfall innerhalb der zuständigen Ministerien Gutachten über die Verfassungsmäßigkeit von Gesetzen anzufertigen. Bundespräsident und Bundesregierung werden sich über die Ausfertigung eines Gesetzes in der Regel einigen. Daher ist die Frage etwas theoretisch, ob die Bundesregierung die Gegenzeichnung verweigern darf, wenn der Bundespräsident zur Ausfertigung bereit wäre. Mit der Ausnahme des Straffreiheitsgesetzes zeigte die Bundesregierung wenig Neigung, die Prüfung der Gesetze an sich zu ziehen. Sie zeichnete meist gegen und trug ihre Bedenken dem Bundespräsidenten vor. So vermied sie eine unnötige Konfrontation mit dem Bundestag.

Mit dem parlamentarischen Regierungssystem läßt sich diese Praxis ebenso vereinbaren wie eine Prüfungskompetenz gleichen Umfangs wie die des Bundespräsidenten. Ein Mißbrauch ist hier kaum zu erwarten, weil die Bundesregierung neben der Nachprüfung durch das Bundesverfassungsgericht auch mit parlamentarischen Konsequenzen rechnen muß, äußerstenfalls mit dem konstruktiven Mißtrauensvotum.

4. Die Bedeutung der Gegenzeichnung
bei der Ausfertigung der Gesetze

Selbst wenn man eine rechtliche Prüfungskompetenz der Bundesregierung bei der Ausfertigung der Gesetze annimmt, ist die Bedeutung der Gegenzeichnung nach Art. 82 I GG nicht mit der gemäß Art. 58 GG zu vergleichen. Der materielle Aktautor ist nämlich nicht die gegenzeichnende Bundesregierung, sondern das Parlament. Es besteht weder ein sachliches Prüfungsrecht noch eine Verantwortlichkeit. Der Bun-

---

124 Anm. 55; *Kurt Hammelehle:* Die Verfassungsmäßigkeit von Gesetzen und ihre Nachprüfung, Diss. Jena 1932, S. 33 f.; *Roß*, a.a.O., S. 595; *Heinz Herbert Weigt:* Das Recht des Reichspräsidenten zur Prüfung der Gesetze, Diss. Göttingen 1933, S. 37 ff.

[20] Der damalige Bundesjustizminister *Dehler* hielt das Straffreiheitsgesetz für verfassungswidrig und leitete es nicht weiter; vgl. *Fritz Münch:* Diskussionsbeitrag, in: VVDStRL 16, S. 135; *Pöttgen*, a.a.O., S. 87; *Schenck zu Schweinsberg*, a.a.O., S. 106, Anm. 260.

[21] *Friesenhahn*, VVDStRL 16, S. 71; ders., Festschrift für Leibholz, S. 692; *Junker*, a.a.O., S. 139; *Maunz*, in: Maunz - Dürig, a.a.O., Art. 82 Rdn. 3.

[22] *Guntermann*, a.a.O., S. 70; *Kastner*, a.a.O., S. 32; *Knöpfle*, a.a.O., .S 716 Anm. 34; *Lechner - Hülshoff*, a.a.O., S. 345 f.; *Lindlar*, a.a.O., S. 78; *Schäfer*, a.a.O., S. 434, 436; *U. M.:* Südweststaat-Frage und „Blitzgesetz", in: AÖR 77, S. 102.

despräsident wird auch nicht durch die Gegenzeichnung an den Willen der Bundesregierung gebunden; denn laut herrschender Lehre kann er die Ausfertigung auch dann ablehnen, wenn die Bundesregierung sie wünscht.

Aus diesen Gründen wurde die Gegenzeichnung bei der Ausfertigung der Gesetze von der Gegenzeichnung der Regierungsakte abgetrennt. Ihre Behandlung im Rahmen dieser Arbeit hat den Sinn, die Grenze gegenüber einem Phänomen zu ziehen, das mit dem Thema dieser Arbeit nicht viel mehr als den Namen gemeinsam hat[23].

---

[23] Das gleiche wie für die Gegenzeichnung bei der Ausfertigung der Gesetze gilt in den Fällen, wo der Bundespräsident aufgrund eines Beschlusses des Bundestags oder des Bundesrats tätig wird, z. B. bei der Vertragsratifikation gemäß Art. 59 II GG und der Ernennung der Bundesverfassungsrichter gemäß § 10 BVerfGG.

XI. Gegenzeichnung und parlamentarisches System

1. Zusammenfassung

Im Gegensatz zur Formulierung des Art. 58 GG gehen die Regierungsakte nicht vom Bundespräsidenten, sondern von der Bundesregierung aus. Das Staatsoberhaupt prüft die Vorschläge der Bundesregierung auf ihre Rechtmäßigkeit. Ein Vetorecht aus politischen Gründen steht ihm nicht zu. Der Gegenzeichnung bzw. Billigung gemäß Art. 58 GG unterliegen schriftliche Regierungsakte, in analoger Anwendung aber auch nicht-schriftliche Akte und Unterlassungen des Bundespräsidenten. Die Bundesregierung ist für die Recht- und Zweckmäßigkeit der Regierungsakte parlamentarisch verantwortlich; der Bundespräsident nur für die Rechtmäßigkeit. Seine Verantwortlichkeit kann nur gerichtlich und nicht parlamentarisch geltend gemacht werden.

Da die politische Entscheidung über die Regierungsakte bei der Bundesregierung liegt, ist sie der *materielle Aktautor*, obwohl der Bundespräsident an erster Stelle unterzeichnet und die Urkunde so abgefaßt ist, als entspränge sie seinem politischen Willen. Der Bundespräsident ist daher nur *formeller Autor* der Regierungsakte.

Gegenzeichnen bedeutet nicht das Billigen fremder Handlungen. Gegenzeichnen ist Handeln; Unterzeichnen ist der formelle Erlaß des vom Gegenzeichner vorbereiteten Regierungsakts.

2. Bedeutungsumkehr der Gegenzeichnung

Die heutige Bedeutung der Gegenzeichnung ist der zu Beginn des konstitutionellen Zeitalters vergleichbar, als der Minister die staatsrechtliche, aber noch nicht die politische Verantwortung für die Regierungsakte trug. *Jedoch haben Staatsoberhaupt und Minister die Rollen getauscht.* Heute liegt die staatsrechtliche Verantwortlichkeit beim Bundespräsidenten und die politische Entscheidung, die früher der Monarch traf, trifft heute die Bundesregierung. Praktisch zeichnet der Bundespräsident die Akte der Bundesregierung gegen[1]. *Diese Bedeutungsumkehr ist eine Folge des Übergangs der politischen Entscheidungsgewalt vom Staatsoberhaupt auf die Regierung.*

---

[1] *Dreher*, NJW 1950, S. 132; *Kastner*, a.a.O., S. 35 f.

Diese einschneidende Änderung des Regierungssystems ist an der Gegenzeichnungsterminologie spurlos vorübergegangen. Seit über 150 Jahren sind die Gegenzeichnungsbestimmungen fast wörtlich von einer Verfassung in die nächste übernommen worden. Bereits *Bagehot* wies darauf hin, daß die staatsrechtlichen Begriffe häufig hinter der politischen Entwicklung herhinken[2]. Die gleiche Feststellung hat übrigens auch *Carl Schmitt* gemacht[3], der sonst als Gegner des reinen parlamentarischen Systems nicht gerade häufig mit Bagehot einer Meinung ist.

3. Der Bundespräsident als formeller und materieller Aktautor

Dieser *Widerspruch zwischen dem parlamentarischen Regierungssystem und der frühkonstitutionellen Gegenzeichnungsvorschrift* führt dazu, daß der Bundespräsident nach Art. 58 GG der Autor der Regierungsakte sein müßte, es aber nach dem Gesamtsystem der Verfassung nicht sein darf[4].

Solche Widersprüche sind etwa im englischen Verfassungsrecht keine Seltenheit. Die Königin hat aufgrund ihrer Prärogativen noch heute das Recht, z. B. alle Schiffe Ihrer Majestät abzutakeln, das Parlament auf drei Jahre heimzuschicken und die französische Bretagne mit Krieg zu überziehen, und das alles, ohne das Parlament zu fragen[5]. Hier hat sich seit langer Zeit das Gewohnheitsrecht gebildet, daß der Monarch von seinen Prärogativen nur auf Empfehlung des Premierministers Gebrauch macht. Einer solchen Empfehlung muß er dann entsprechen.

Man mag einwenden, daß dieses Beispiel nicht auf die deutschen Verhältnisse anwendbar sei; denn in England werde ein altes Gesetz im Laufe der Jahrhunderte gewohnheitsrechtlich geändert, während das Grundgesetz aus dem Jahre 1949 stammt und die gewohnheitsrechtliche Änderung nach der hier vertretenen Ansicht ebenfalls bereits 1949 hätte in Kraft treten müssen. Dagegen ließe sich geltend machen, daß die Regelungen, deren gewohnheitsrechtliche Änderung hier behaup-

---

[2] *Bagehot*, a.a.O., S. 1: „... every generation inherits a series of inapt words — of maxims once true, but of which the truth is ceasing or has ceased."

[3] *Carl Schmitt:* Verfassungslehre, 4., unveränderte Aufl., Berlin 1965, S. XI: „Es gehört im Gegenteil zu den Aufgaben einer Verfassungslehre, nachzuweisen, wie sehr manche überlieferte Formeln und Begriffe ganz von früheren Situationen abhängig und heute nicht einmal mehr alte Schläuche für neuen Wein, sondern nur noch veraltete und falsche Etiketten sind."

[4] Es ist keine Lösung, wenn man Art. 58 GG „wörtlich" interpretiert, d. h. so, als stände er in einer frühkonstitutionellen Verfassung; so z. B. *Pöttgen*, a.a.O., passim, bes. S. 40 f.; *Servatius*, a.a.O., passim, bes. S. 79.

[5] *Loewenstein*, Parlamentarismus, S. 129.

tet wird, nicht aus dem Jahre 1949 stammen, sondern sich fast wörtlich mindestens bis in die Reichsverfassung von 1871 zurückverfolgen lassen[6].

Aber auch eine *gewohnheitsrechtliche Änderung des Wortlauts sofort beim Inkrafttreten* ist nicht ohne Beispiel. Der 1964 und 1965 beschlossene § 50 der schwedischen Verfassung[7] enthält mehrere Ermächtigungen für den König, aber keine für die Regierung. Der König „entscheidet" in diesen wie in allen anderen Regierungsangelegenheiten im Staatsrat[8]. Da es ein Gewohnheitsrecht ist, daß der König den Vorschlägen seiner Minister im Staatsrat immer zustimmt[9], entscheidet praktisch die Regierung. Das schwedische Staatsrecht hat dafür den Begriff „König im Staatsrat"[10] im Gegensatz zum König als Person geprägt[11].

In ähnlicher Weise können wir zwischen dem Bundespräsidenten als formellem Aktautor im Rahmen seiner normalen Befugnisse und dem Bundespräsidenten als materiellem Aktautor im Rahmen seiner außerordentlichen Kompetenzen unterscheiden. Wenn der Bundestag ein Gesetz beschließt, das den Bundespräsidenten zu einer Handlung ermächtigt, dann ist zunächst zu prüfen, ob hier eine normale oder eine außerordentliche Kompetenz des Bundespräsidenten vorliegt. Normale Kompetenzen unterliegen der Gegenzeichnung und beschränken den Bundespräsidenten auf den formellen Erlaß, während die im Gesetz möglicherweise gar nicht genannte Bundesregierung materieller Aktautor ist.

---

[6] z. B. Art. 58 GG — Art. 50 WRV — Art. 17 RV 71; Art. 59 GG — Art. 45 WRV — Art. 11 RV 71; Art. 60 I GG — Art. 46 WRV — Art. 18 RV 71.

[7] Er enthält einen wichtigen Teil der Notstandsgesetzgebung. Der deutsche Text findet sich bei: *Peter Cornelius Mayer-Tasch* (Hrsg.): Die Verfassungen Europas, Stuttgart 1966, S. 476 f.; *Ernst Benda:* Die Notstandsverfassung, 2. Aufl., München 1966, S. 50 f.

[8] § 7 Regierungsform; deutscher Text bei *Mayer-Tasch,* a.a.O., S. 467.

[9] *Nils Andrén:* Modern Swedish Government, 2. Aufl., Stockholm 1968, S. 121.

[10] Kunglig Majestät i statsrådet, vgl. *Nils Herlitz:* Nordisk offentlig rätt, III. Regeringsmakt och förvaltningsorganisation, 1. Bd., Stockholm 1963, S. 184.

[11] *Andrén,* a.a.O., S. 113.

XII. Anhang: Abschaffung der Gegenzeichnung?

1. Die Alternative

In dieser Arbeit wurde gezeigt, daß Art. 58 GG bei allein am Wortlaut orientierter Interpretation weder mit dem parlamentarischen System des Grundgesetzes vereinbar ist, noch die Verfassungswirklichkeit exakt beschreibt. Neben der hier gewählten Möglichkeit, nämlich dem Versuch, diesen Widerspruch durch systematische Interpretation aufzulösen, gibt es eine zweite: man könnte Art. 58 GG als „verfassungswidrige Verfassungsnorm" ansehen und seine Abschaffung fordern.

Dieser Anhang soll zeigen, wie das Grundgesetz ohne Art. 58 aussehen würde, und schließlich darlegen, warum sich der Verfasser nicht zu der Forderung nach Abschaffung der Gegenzeichnung entschließen konnte.

2. Das Grundgesetz ohne Gegenzeichnung

Es soll eine Änderung des Grundgesetzes vorgeschlagen werden, die den Text mit dem parlamentarischen System in Einklang bringt. Eine Änderung der Verfassungswirklichkeit soll dabei möglichst vermieden werden. Es wäre dann im Grundgesetz klar zu erkennen, wer die Entscheidung trifft, wer ein Vetorecht hat und wer zur Unterschrift verpflichtet ist.

Die Formulierungsvorschläge werden nur beispielhaft sein und von fünf Gruppen von Handlungen mit unterschiedlicher Beteiligung des Bundespräsidenten ausgehen. Diese Gruppen sind:

1. die außerordentlichen Kompetenzen des Bundespräsidenten[1]
2. Gegenzeichnungsfreiheit aus Zweckmäßigkeitsgründen[2]
3. die Ordenssachen als Ausnahmefall[3]
4. die Regierungsakte[4]
5. die einfachen Regierungsakte[5]

---

[1] Vgl. oben IX, 1.
[2] Vgl. oben IX, 2.
[3] Vgl. oben V, 3, b.
[4] Vgl. oben IV, 5.
[5] Vgl. oben IV, 5.

Eine Streichung des Art. 58 GG hätte keinen Einfluß auf die ersten beiden Gruppen. Bei den außerordentlichen Kompetenzen bringt das Grundgesetz die Entscheidungsfreiheit des Bundespräsidenten deutlich zum Ausdruck (Art. 63 IV S. 3, Art. 68 I, Art. 81 I). In den Fällen, wo das Grundgesetz aus Zweckmäßigkeitsgründen auf die Gegenzeichnung verzichtet, ist die Bindung des Bundespräsidenten an den Willen des Bundestages entweder klar ausgesprochen (Art. 63 II, IV), oder sie ergibt sich aus dem politischen Kräfteverhältnis (Art. 63 I).

Änderungen ergeben sich erst bei der dritten Gruppe, nämlich den Ordenssachen. Nur in diesem Fall hat heute noch die Gegenzeichnung ihre ursprüngliche Bedeutung und könnte deshalb beibehalten werden. Das Grundgesetz könnte bestimmen: „Der Bundespräsident verleiht die Bundesorden und genehmigt die Annahme ausländischer Orden. Verleihungserlaß und Genehmigung werden zum Zeichen der Zustimmung von der Bundesregierung gegengezeichnet."

Einschneidende Änderungen ergäben sich beim Regelfall der Gegenzeichnung, den Regierungsakten. Die formellen Kompetenzen des Bundespräsidenten (z. B. Art. 59 I, Art. 60 I, Art. 64 I) müßten durch Regelungen nach folgendem Muster ersetzt werden: „Die Bundesregierung entscheidet über die Ernennung der Beamten. Die Ernennungsurkunde trägt neben der Unterschrift des zuständigen Regierungsmitglieds die des Bundespräsidenten." Eventuell könnte noch auf die rechtliche Prüfungskompetenz des Bundespräsidenten hingewiesen werden.

Ist eine Kompetenz niemandem ausdrücklich zugeschrieben, dann besteht gemäß Art. 65 GG die Vermutung, daß die Bundesregierung berechtigt ist, einen einfachen Regierungsakt zu erlassen, d. h. ohne Tätigwerden des Bundespräsidenten zu handeln. Formulierungen, wie z. B.: „Die Bundesregierung ernennt die Angestellten des Bundes", kennt das Grundgesetz nicht. Sie sollten auch nicht eingeführt werden; denn die Aufzählung kann doch nur beispielhaft sein.

3. Beibehaltung der Gegenzeichnung

Die oben skizzierte Grundgesetzänderung wäre ein etwas eigenartiges Unternehmen: es ist ihr erklärtes Ziel, *keine* Änderung der Verfassungswirklichkeit herbeizuführen. Die aufgrund der mißverständlichen Formulierungen des Grundgesetzes auftretenden Streitigkeiten spielen sich fast ausnahmslos in der staatsrechtlichen Literatur und nicht in der politischen Praxis ab. Natürlich wäre es erfreulich, wenn die Gegenzeichnungsliteratur nicht völlig am Regierungssystem und an der Verfassungswirklichkeit vorbeiinterpretieren würde. Aber lohnt es sich, deshalb das Grundgesetz zu ändern?

Wenn das Grundgesetz ausdrücklich festlegte, daß der Bundespräsident von der Entscheidung über die Regierungsakte ausgeschlossen ist, dann würde damit seine Stellung geschwächt, ohne die Regierung zu stärken. Die Folge dieser Verfassungsänderung wäre, daß der Bundespräsident nach außen, also etwa gegenüber einem auswärtigen Staat oder einen ernannten Beamten, nicht mehr als Autor des Regierungsakts, sondern als eine Art Notar aufträte. Damit verzichtet man auf die Integrationswirkung, die vom Bundespräsidenten auch dann ausgeht, wenn er nur formeller und nicht auch materieller Aktautor ist. Der Bundespräsident wirkt integrierend, indem er den Staat gegenüber seinen Bürgern und dem Ausland darstellt. Dadurch wirbt er für den Staat und die Handlungen seiner Organe. Die integrierende Wirkung des Staatsoberhaupts hat — ohne diesen Begriff zu benutzen — Walter *Bagehot* bereits in den sechziger Jahren des 19. Jahrhunderts beschrieben und in ihrer Bedeutung erkannt[6]. Die Integrationswirkung sollte nicht dadurch herabgesetzt werden, daß man den Bundespräsidenten durch eine Verfassungsänderung in eine subalterne Position manövriert.

4. Die Stellung des Staatsoberhaupts
in der parlamentarischen Demokratie

Die Frage, welche Rolle dem Staatsoberhaupt in der parlamentarischen Demokratie zukommt, ist in der deutschen Literatur von einer befriedigenden Antwort weit entfernt. Es setzt sich zwar langsam die Erkenntnis durch, daß das, was für den konstitutionellen Monarchen galt, als Orientierungshilfe ungeeignet ist. Aber was bleibt dem Bundespräsidenten noch, wenn man alle Funktionen entfernt, die mit dem parlamentarischen System unvereinbar sind? Sollte man das Amt des Bundespräsidenten dann nicht lieber abschaffen und die wenigen Kompetenzen auf andere Amtsträger verteilen[7]?

Auch diese Arbeit könnte so mißverstanden werden: verglichen mit dem, was sie dem Bundespräsidenten an Macht wegnimmt, ist das, was bleibt, minimal. Wenn es also unzweckmäßig sein sollte, die Gegenzeichnung abzuschaffen, warum streicht man dann nicht gleich das Amt des Bundespräsidenten und macht damit das Problem „Gegenzeichnung" gegenstandslos?

---

[6] *Bagehot*, a.a.O., S. 4—8.

[7] Zu dieser Frage kam *Kimminich* am Schluß seines Vortrags zum Thema „Das Staatsoberhaupt in der parlamentarischen Demokratie" auf der Staatsrechtslehrertagung in Graz (VVDStRL 25, S. 89). Auch *Henke*, a.a.O., bes. S. 727 f. beschäftigt sich mit dieser Frage.

Darauf wäre zunächst zu antworten, daß dem Bundespräsidenten in dieser Arbeit hauptsächlich solche Macht „weggenommen" wird, die er gar nicht besitzt. Nur die deutsche Staatsrechtslehre hat sie ihm zugeschrieben. Wenn das von ihr gezeichnete Bild des Bundespräsidenten mit der Verfassungswirklichkeit konfrontiert wird, dann ist damit keine Änderung der Wirklichkeit verbunden.

Im übrigen wird jede Deutung des Bundespräsidentenamts fehlgehen, die dieses nach der mit ihm verbundenen Macht bewertet. Es ist nämlich müßig, darüber zu streiten, ob der Bundespräsident unter diesem Gesichtspunkt ein drittrangiges Staatsorgan ist oder ob man ihn zu einem zweitrangigen aufwerten sollte. Ein nach dieser Kategorie erstrangiges Staatsorgan, das an Macht dem Bundeskanzler vergleichbar wäre, kann er im Rahmen des Grundgesetzes ohnehin nicht werden.

Die Bedeutung des Staatsoberhaupts in der parlamentarischen Demokratie liegt auf einer anderen Ebene. Wegen seiner Machtlosigkeit hat der Bundespräsident die Möglichkeit zur Neutralität[8]. Wenn er es vermeidet, im politischen Kampf Stellung zu beziehen, wird seine Neutralität anerkannt werden und die Grundlage einer Autorität sein, die viel breiter ist als die, die ein Bundeskanzler je wird erreichen können. In normalen Zeiten setzt er diese Autorität für den Staat ein — das ist die Integrationsfunktion. Bei Funktionsstörungen der parlamentarischen Demokratie gelangt der Bundespräsident im Rahmen seiner außerordentlichen Kompetenzen[9] für Augenblicke an die Schalthebel der Macht. Wenn der Bundespräsident z. B. über die Auflösung des Bundestages zu entscheiden hat, dann sollte es außer Zweifel stehen, daß er damit keine politische Gruppe begünstigen wollte, sondern ohne Rücksicht auf Parteiinteressen den Weg gewiesen hat, der ihm für die Wiederherstellung stabiler politischer Verhältnisse am aussichtsreichsten zu sein schien.

Mit der Integrationswirkung und den außerordentlichen Kompetenzen sind zwei wichtige Funktionen genannt, die niemand so gut wahrnehmen kann wie der Bundespräsident und die dieser weniger gut erfüllen würde, wenn er politische Entscheidungsbefugnisse hätte, die ihn dazu zwängen, seine neutrale Stellung aufzugeben. *Auch Bagehot* sieht die Chance des Staatsoberhaupts in der Beschränkung der Kompetenzen. Der erste Teil des folgenden Zitats ist sehr bekannt, nicht aber der sehr wichtige zweite Teil: „... the sovereign has ... three rights — the right to be consulted, the right to encourage, the right to

---

[8] Im Sinne von Nicht-Entscheidung, vgl. oben I, 2, e, aa.
[9] Vgl. oben IX, 1.

warn. And a king of great sense and sagacity would want no others. He would find that his having no others would enable him to use these with singular effect[10].“

Walter Bagehot hat sich in seinem Buch eingehend mit der Rolle des englischen Monarchen befaßt. Seine Ausführungen gelten aber für jedes Staatsoberhaupt in einer parlamentarischen Demokratie, egal, ob Monarch oder Präsident. Bagehots 1867 erschienenes Buch trägt Wesentliches zum Verständnis der Rolle des Bundespräsidenten im parlamentarischen Regierungssystem des Grundgesetzes bei.

---

[10] *Bagehot*, a.a.O., S. 67.

Literaturverzeichnis

Acker, Rolf: Die staatsrechtliche Stellung des Präsidenten der Bundesrepublik Deutschland unter besonderer Berücksichtigung seiner Beziehungen zum Reichspräsidenten der Weimarer Republik, Diss. München 1950

Albert, Ernst: Materielle Prüfungsbefugnisse des Bundespräsidenten, Diss. Erlangen 1956

Allemann, Fritz René: Besuch beim Bundespräsidenten, in: Die Weltwoche Nr. 1676 v. 24. Dezember 1965, S. 9

Amphoux, Jean: Le Chancelier Fédéral dans le Régime Constitutionnel de la République Fédérale d'Allemagne, Paris 1962

Anders, Georg: Zum Prüfungsrecht des Bundespräsidenten, in: DÖV 1963, S. 653 ff.

Andrén, Nils: Modern Swedish Government, 2. Aufl., Stockholm 1968

Anschütz, Gerhard: Die Verfassung des Deutschen Reichs vom 11. August 1919, 4. Bearbeitung, 14. Aufl., Berlin 1933

Apelt, Willibalt: Geschichte der Weimarer Verfassung, 2. Aufl., München und Berlin 1964

Appell, Georg: Die Stellung der Reichsminister. Rechtsvergleichende Darstellung nach der Reichsverfassung der Paulskirche, der Reichsverfassung vom 18. April 1871 und der Reichsverfassung von Weimar, Diss. Jena 1928

Arndt, Adolf: Verfassung des Deutschen Reichs, 5. Aufl., Berlin 1913
— Verantwortlichkeit und Gegenzeichnung bei Anordnungen des obersten Kriegsherrn, in: DJZ 1916, Sp. 851 ff.
— Die Verfassung des Deutschen Reichs vom 11. August 1919, 3. Aufl., Berlin und Leipzig 1927

Arndt, Claus: Das Prüfungsrecht des Bundespräsidenten, in: DÖV 1958, S. 604 ff.

Baade, Hans W.: Das Verhältnis von Parlament und Regierung im Bereich der auswärtigen Gewalt der Bundesrepublik Deutschland, Hamburg 1962

v. Baerensprung, Alfred: Die Unverantwortlichkeit des Regenten, Diss. Göttingen 1900

Bagehot, Walter: The English Constitution, London (Oxford University Press) 1963 (zuerst erschienen 1867)

Bartelt, Christian: Regierungsbildung nach dem Grundgesetz, Diss. Marburg 1960

Belau, Bruno: Das Recht des Bundespräsidenten zur Ernennung von Bundesbeamten und Bundesrichtern, in: DÖV 1951, S. 339 ff.

Benda, Ernst: Die Notstandsverfassung, 2. Aufl., München 1966

Bensegger, Rudolf: Die Entwicklung der deutschen Regierungen von Beginn des konstitutionellen Systems bis zur Gegenwart, Diss. Erlangen 1933

Berger, Karl: Die Bedeutung und Wirkung der Gegenzeichnung im Staatsrecht des Reiches und des Königreichs Sachsen, Diss. Leipzig 1912

Berthold, Wolfgang: Die Bedeutung der ministeriellen Gegenzeichnung im nationalsozialistischen Staat, in: Deutsche Verwaltung, 12. Jahrg., Berlin 1935, S. 271 f.

Binding, Karl: Die Gegenzeichnung und ihre Folgen, in: ders.: Zum Leben und Werden der Staaten, München und Leipzig 1920, S. 357 ff.

Bischof, Hermann: Ministerverantwortlichkeit und Staatsgerichtshöfe in Deutschland. Beleuchtung des Ultraconstitutionalismus (Archiv für das öffentliche Recht des deutschen Bundes, herausgegeben von J. T. B. v. Linde, 3. Bd., 2. Heft), Gießen 1859

Blackstone, William: Commentaries on the Laws of England, 15th Edition, with notes and additions by Edward Christian, London 1809, Bd. I

Böckenförde, Ernst-Wolfgang: Die Organisationsgewalt im Bereich der Regierung, Berlin 1964

— Bonn ist nicht Weimar, in: AÖR 92 (1967) S. 253 f.

Börner, Bodo: Der Gesetzgebungsnotstand, in: DÖV 1950, S. 237 ff.

Bollendorf, Norbert: Die Staatsoberhäupter in der Bundesrepublik und in Frankreich bis zum Ende der 4. Republik, Diss. Würzburg 1965

Bonner Kommentar zum Grundgesetz, Hamburg 1950 ff.

Bornhak, Conrad: Preußisches Staatsrecht, 1. Aufl., 1. Bd., Freiburg 1888

Bracher, Karl Dietrich: Wie Theodor Heuss sein Amt verstand, in: Frankfurter Allgemeine Zeitung v. 27. Januar 1965, S. 13 f.

Bremische Bürgerschaft (Landtag): Verhandlungsberichte, Bremen 1970

Bresslau, Harry: Handbuch der Urkundenlehre für Deutschland und Italien, 1. Bd., 2. Aufl., Leipzig 1912

Buddeus, Johann Carl Imannuel: Die Ministerverantwortlichkeit in constitutionellen Monarchien, Monographie eines alten Geschäftsmannes (anonym erschienen), Leipzig 1833

Bülau, Friedrich: Die Behörden in Staat und Gemeinde, Leipzig 1836

Bulletin des Presse- und Informationsamtes der Bundesregierung, Nr. 131 v. 16. Okt. 1968

Bundesverfassungsgericht: Entscheidungen, herausgegeben von den Mitgliedern, Tübingen 1952 ff.

Bund zur Erneuerung des Reiches: Die Rechte des Deutschen Reichspräsidenten nach der Reichsverfassung, Berlin 1929

Busse, Peter: Die Ernennung der Bundesrichter durch den Bundespräsidenten, in: DÖV 1965, S. 469 ff.

Constant, Benjamin: De la nature du pouvoir royal dans une monarchie constitutionnelle, in: Principes de politique, Oeuvres, Paris 1957 (Edition Gallimard), S. 1078 ff.

Dahlmann, Alfred: Die Befugnis des Bundespräsidenten, Staatssymbole zu setzen, Diss. Saarbrücken 1959

Dallinger, Wilhelm Eugen: Die Ministeranklage in der Geschichte des bayerischen Verfassungsrechts, Diss. München 1933

Deutscher Bundestag: Stenografische Berichte, 1949 ff.

Deutscher Gewerkschaftsbund (Hrsg.): 7. Ordentlicher Bundeskongreß, Berlin, 9. bis 14. Mai 1966, Protokoll, o. O. (Düsseldorf), o. J., S. 10—13

Doehring, Karl: Der „pouvoir neutre" und das Grundgesetz, in: Der Staat, Bd. 3, 1964, S. 201 ff.

Dowie, Herbert: Die geschäftsführende Regierung im deutschen Staatsrecht, Diss. Marburg 1932/33

Dreher, Eduard: Geschäftsregierung und Weimarer Verfassung, in: Zeitschrift für öffentliches Recht, Bd. 10 (1931), S. 423 ff.
— Geschäftsregierung und Reichsverfassung, Diss. Leipzig 1932
— Das parlamentarische System des Bonner Grundgesetzes im Vergleich zur Weimarer Verfassung, in: NJW 1950, S. 130 ff.

Eggel, Otto: Das Erfordernis der ministeriellen Gegenzeichnung nach dem Staatsrecht Preußens und des Deutschen Reiches, Diss. Breslau 1906

Ellwein, Thomas: Das Regierungssystem der Bundesrepublik Deutschland, 2. Aufl., Köln und Opladen 1965

Eschenburg, Theodor: Die Möglichkeiten zur parteipolitischen Neutralisierung der Beamtenschaft, in: DÖV 1952, S. 289 ff.
— Die Richtlinien der Politik im Verfassungsrecht und in der Verfassungswirklichkeit, in: DÖV 1954, S. 193 ff.
— Staat und Gesellschaft in Deutschland, 1. Aufl., Stutttgart 1956
— Zur politischen Praxis in der Bundesrepublik. Kritische Betrachtungen 1957—1961, München 1964
— Über Autorität, Frankfurt 1965
— Lübkes Reden. Des Bundespräsidenten Pflichten, in: Die Zeit Nr. 3 v. 15. Januar 1965, S. 1 f.
— Darf Heinrich Lübke Minister Schröder ablehnen?, in: Die Zeit Nr. 42 v. 15. Oktober 1965, S. 3
— Zur politischen Praxis in der Bundesrepublik, Bd. II. Kritische Betrachtungen 1961—1965, München 1966
— Was darf der Präsident? Sein Auftrag erschöpft sich nicht in der Repräsentation, in: Die Zeit Nr. 10 v. 7. März 1969, S. 3

Esselborn, Karl: Die Ministerverantwortlichkeit im Großherzogtum Hessen, Diss. Gießen 1902

Fraenkel, Ernst: Die repräsentative und plebiszitäre Komponente im demokratischen Verfassungsstaat, Tübingen 1958

Frankfurter Allgemeine Zeitung: v. 20. Januar 1965; v. 23. Januar 1965; v. 13. Februar 1965; v. 16. Februar 1965; v. 27. Februar 1965; v. 27. Januar 1966; v. 19. Februar 1966; v. 10. März 1966; v. 17. Dezember 1966; v. 28. Januar 1967; v. 1. Februar 1967; v. 2. Februar 1967; v. 8. Februar 1967; v. 11. Februar 1967; v. 26. September 1969; v. 27. September 1969; v. 26. November 1969; v. 5. Mai 1970; v. 3. Juni 1970; v. 15. Juni 1970; v. 26. Juni 1970; v. 30. Juni 1970; v. 1. Juli 1970; v. 2. Juli 1970; v. 6. Juli 1970; v. 8. Juli 1970

v. Freytagh-Loringhoven, Axel Frhr: Die Weimarer Verfassung in Lehre und Wirklichkeit, München 1924

Friesenhahn, Ernst: Parlament und Regierung im modernen Staat, in: VVDStRL 16, S. 9 ff., S. 151 ff.

— Zum Prüfungsrecht des Bundespräsidenten, in: Die moderne Demokratie und ihr Recht. Festschrift für Gerhard Leibholz zum 65. Geburtstag, 2. Bd., herausgegeben von Karl Dietrich Bracher u. a., Tübingen 1966, S. 679 ff.

v. Frisch, Hans: Die Verantwortlichkeit der Monarchen und höchsten Magistrate, Berlin 1904

— Der Thronverzicht. Ein Beitrag zur Lehre vom Verzicht im öffentlichen Recht, Tübingen 1906

Fromme, Friedrich Karl: Von der Weimarer Verfassung zum Bonner Grundgesetz, 2. Aufl., Tübingen 1962

— Der Bundespräsident vor der Unterschrift. Kann das Staatsoberhaupt Ministerernennungen verhindern?, in: Frankfurter Allgemeine Zeitung vom 14. Oktober 1965, S. 11 f.

Gebhard, Ludwig: Handkommentar zur Verfassung des Deutschen Reiches vom 11. August 1919, München, Berlin und Leipzig 1932

Geeb, Hans Karl und Heinz *Kirchner:* Deutsche Orden und Ehrenzeichen, Bonn, Köln, Berlin 1958

Geßner, Heinrich: Die Ministerverantwortlichkeit nach hessischem Staatsrecht, Diss. Erlangen 1898

Getzlaff: Die Gegenzeichnung beim Kanzlerwechsel, in: DJZ, 34. Jahrg. (1929), Sp. 304 ff.

Giese, Friedrich: Grundgesetz für die Bundesrepublik Deutschland, 4. Aufl., Frankfurt 1955

Giese, Friedrich und Egon *Schunck:* Grundgesetz für die Bundesrepublik Deutschland, 7. Aufl., Frankfurt 1965

Gillessen, Günther: Welche Befugnisse hat der Bundespräsident?, in: Frankfurter Allgemeine Zeitung vom 22. April 1959, S. 11

Glum, Friedrich: Staatsoberhaupt und Regierungschef, in: Zeitschrift für Politik 1959, S. 293 ff.

— Die staatsrechtliche Struktur der Bundesrepublik Deutschland, Bonn 1965

— Das parlamentarische Regierungssystem in Deutschland, Großbritannien und Frankreich, 2. Aufl., München und Berlin 1965

Gmelin, Hans: Die Stellung des Präsidenten der französischen Republik und die Bedeutung der Präsidentenkrise von 1924, in: AÖR NF 8 (1925), S. 192 ff.

Grauel, Erich: Die Organisationsgewalt der Bundesregierung und die organisatorischen Befugnisse des Bundespräsidenten, Diss. Frankfurt 1954

Grauhan, Rolf-Richard: Gibt es in der Bundesrepublik einen „pouvoir neutre"?, Diss. Heidelberg 1959

— Der Bundespräsident — Aktiv oder neutral?, in: Juristische Rundschau 1965, S. 379 ff.

Gruber, Dietrich: Die Stellung des Regierungschefs in Deutschland und Frankreich, Hamburg 1964

Gundlach, Alfred: Das Wesen der Ministerverantwortlichkeit und ihre Gestaltung in den deutschen Einzelstaaten, Diss. Rostock 1904

Guntermann, Willi: Die Stellung des Bundespräsidenten in der Gesetzgebung, Diss. Marburg 1954

Hall, Karl-Heinrich: Überlegungen zur Prüfungskompetenz des Bundespräsidenten, in: JZ 1965, S. 305 ff.

Hamann, Andreas: Präsidialdemokratie?, in: Das Recht im Amt, 1959, S. 161 ff.

— Das Grundgesetz für die Bundesrepublik Deutschland, 2. Aufl., Neuwied 1961

Hammelehle, Kurt: Die Verfassungsmäßigkeit von Gesetzen und ihre Nachprüfung, Diss. Jena 1932

Hatschek, Julius: Deutsches und preußisches Staatsrecht, 1. Bd., Berlin 1922

Hauke, Franz: Die Lehre von der Ministerverantwortlichkeit, Wien 1880

Haungs, Peter: Reichspräsident und parlamentarische Kabinettsregierung, Köln und Opladen 1968

Henke, Wilhelm: Die Bundesrepublik ohne Staatsoberhaupt, in: DVBl. 1966, S. 723 ff.

Hennis, Wilhelm: Richtlinienkompetenz und Regierungstechnik, Tübingen 1964

Herlitz, Nils: Nordisk offentlig rätt. III. Regeringsmakt och förvaltningsorganisation, 1. Bd., Stockholm 1963

Herrfahrdt, Heinrich: Der Sinn des parlamentarischen Prinzips in der Reichsverfassung, in: Zeitschrift für Politik, 18. Bd., Berlin 1929, S. 733 ff.

— Diskussionsbeitrag, in: VVDStRL 8, S. 61 f.

Hesse, Konrad: Grundzüge des Verfassungsrechts der Bundesrepublik Deutschland, Karlsruhe 1967

v. d. Heydte, Friedrich August Frhr.: Staatsnotstand und Gesetzgebungsnotstand, in: Festschrift für Laforet, München 1952, S. 59 ff.

Hieronymus, Wolf: Die Stellung der geschäftsführenden Regierung im Reich und in Preußen, Diss. Marburg 1932

Historische Commission bei der Königl. Akademie der Wissenschaften in München (Hrsg.): Allgemeine Deutsche Biographie, 56 Bände, Leipzig 1875—1912

Hoepfner, Wilhelm: Das Erfordernis der ministeriellen Gegenzeichnung nach dem Staatsrecht Preußens und des Deutschen Reiches, Diss. Leipzig 1912

Hoffmann, P. G.: Monarchisches Prinzip und Ministerverantwortlichkeit, Jena 1911

Huber, E. R.: Die Stellung der Geschäftsregierung in den deutschen Ländern, in: DJZ 1932, Sp. 194 ff.

Huber, Ernst Rudolf: Deutsche Verfassungsgeschichte seit 1789; Bd. I, Stuttgart 1957; Bd. II, Stuttgart 1960; Bd. III, Stuttgart 1963; Bd. IV, Stuttgart 1969

— Dokumente zur deutschen Verfassungsgeschichte; Bd. 1, Stuttgart 1961; Bd. 2, Stuttgart 1964; Bd. 3, Stuttgart 1966

Huber, Rudolf: Die Reichsminister. Ihre Rechtsstellung vor und nach der Revolution, Diss. Göttingen 1931

Huwar, Gerhard: Der Erlaß von Rechts- und Verwaltungsverordnungen durch den Bundespräsidenten, Berlin 1967

Jacob, Eduard: Die Ministerverantwortlichkeit nach preussischem und Reichsstaatsrecht, Diss. Rostock 1903

Jaeger, Richard: Die staatsrechtliche Bedeutung der ministeriellen Gegenzeichnung im Deutschen Reichsstaatsrecht 1871—1945, Diss. München 1948

— Die staatsrechtliche Bedeutung der ministeriellen Gegenzeichnung im deutschen Reichsstaatsrecht 1871—1945, in: Festschrift für Laforet, München 1952, S. 155 ff.

Jahrbuch des Öffentlichen Rechts: Entstehungsgeschichte der Artikel des Grundgesetzes, von: *Klaus-Berto v. Doemming, Rudolf Werner Füsslein* und *Werner Matz*, JÖR Nr 1

Janssen, Friedrich-Wilhelm: Der Bundespräsident — seine Rechte und Pflichten — nach dem Bonner Grundgesetz v. 23. Mai 1949, Diss. Köln 1951

Jaspers, Karl: Wohin treibt die Bundesrepublik?, München 1966

Jellinek, Walter: Kabinettsfrage und Gesetzgebungsnotstand nach dem Bonner Grundgesetz, in: VVDStRL 8, S. 3 ff.

— Kabinettsfrage und Gesetzgebungsnotstand nach dem Bonner Grundgesetz, in: DÖV 1949, S. 381 ff.

Jülich, Christian: Die Wahl des Bundespräsidenten, in: DÖV 1969, S. 92 ff.

Junker, Ernst Ulrich: Die Richtlinienkompetenz des Bundeskanzlers, Tübingen 1965

Kaja, Helmut: Ministerialverfassung und Grundgesetz, in: AÖR 89, S. 381 ff.

Kastner, Jürgen: Die Gegenzeichnung im deutschen Staatsrecht. Ein Beitrag zur Auslegung des Art. 58 des Bonner Grundgesetzes, Diss. Münster 1962

Kehlenbeck, Paul: Der Staatspräsident, Hamburg 1955

Keir, David Lindsay: The Constitutional History of Modern Britain since 1485, 7. Aufl., London 1964

Kelsen, Hans: Allgemeine Staatslehre, Berlin 1925

— Wer soll der Hüter der Verfassung sein?, Berlin 1931

Kerschbaumer, Max: Die Befugnisse des Ministerpräsidenten nach der Verfassung des Freistaates Bayern vom 2. Dezember 1946 im Vergleich zu denen des Bundeskanzlers nach dem Grundgesetz für die Bundesrepublik Deutschland vom 23. Mai 1949, Diss. München 1950

Kimminich, Otto: Das Staatsoberhaupt in der parlamentarischen Demokratie, in: VVDStRL 25, S. 2 ff.

v. Kirchenheim, Arthur: Lehrbuch des deutschen Staatsrechts, Stuttgart 1887

Klose, Otto: Der Stand der neueren Rechtslehre zum Recht der Ernennung des Reichskabinetts, Diss. Breslau 1933

Kluxen, Kurt (Hrsg.): Parlamentarismus, Köln, Berlin 1967

Kniesch, Joachim: Die Stellung des Bundespräsidenten nach Grundgesetz und Staatspraxis, in: NJW 1960, S. 1325 ff.

Knöpfle, Franz: Das Amt des Bundespräsidenten in der Bundesrepublik Deutschland, in: DVBl. 1966, S. 713 ff.

Köbrich, Ludwig: Die Ministerverantwortlichkeit in Verfassungsstaaten auf historischer und staatsrechtlicher Grundlage, Diss. Würzburg 1913

Koellreutter, Otto: Deutsches Verfassungsrecht. Ein Grundriß, Berlin 1935
— Deutsches Staatsrecht, Stuttgart 1953

Köttgen, Arnold: Bundesregierung und Oberste Bundesbehörden, in: DÖV 1954, S. 4 ff.

Kormann, Karl: System der rechtsgeschäftlichen Staatsakte, Berlin 1910, Neudruck Aalen 1962

Kratzer, Jakob: Zustimmungsgesetze, in: AÖR 77, S. 266 ff.

Ksoll, Eberhard: Deutsches Staatsrecht, Düsseldorf 1966

Küchenhoff, Erich: Präsentationskapitulation des Bundeskanzlers gegenüber dem Bundespräsidenten, in: DÖV 1966, S. 675 ff.

Küppers, Helmut: Das Prüfungsrecht des Bundespräsidenten gegenüber Gesetzen, Diss. Mainz 1953

Laband, Paul: Deutsches Reichsstaatsrecht, Tübingen 1907

Laforet, Wilhelm: Diskussionsbeitrag, in: VVDStRL 8, S. 55 f.

Ladenburger, Clemens: Die Prüfungszuständigkeit des Bundespräsidenten bei der Ausfertigung von Gesetzen, Diss. Tübingen 1966

Lampe, Ortrun: Die Unabhängigkeit der Deutschen Bundesbank, Diss. Mainz 1966

Lechner, Hans und Klaus *Hülshoff:* Parlament und Regierung, 2. Aufl., München und Berlin 1958

Lehne, Helmut: Der Bundespräsident als neutrale Gewalt nach dem Grundgesetz der Bundesrepublik Deutschland, Diss. Bonn 1960

Leibholz, Gerhard: Das Wesen der Repräsentation und der Gestaltwandel der Demokratie im 20. Jahrhundert, 3. Aufl., Berlin 1966

Leibholz, G. und H. J. *Rinck:* Grundgesetz für die Bundesrepublik Deutschland, Kommentar an Hand der Rechtsprechung des Bundesverfassungsgerichts, 3. durchgesehene und durch einen Nachtrag ergänzte Auflage, Köln 1968

Leisner, Walter: Le Président de la République et le Gouvernement dans la Constitution de Bonn, in: Revue du droit public et de la Science politique en France et à l'Etranger, 1958, S. 1053 ff.

Lindlar, Bruno: Ausfertigung und Verkündung von Gesetzen durch den Bundespräsidenten, Diss. Köln 1951 *v. Loën*, Waldemar Frhr.: Das Erfordernis der ministeriellen Gegenzeichnung nach dem Staatsrecht Preußens und des Deutschen Reichs, Diss. Breslau 1907

Loewenstein, Karl: Der Staatspräsident, in: AÖR 75, S. 129 ff.

— Verfassungslehre, Tübingen 1959

— Der britische Parlamentarismus, Reinbek bei Hamburg 1964

Lutz, Rudolf: Die Geschäftsregierung nach dem Grundgesetz, Berlin 1969

Mahler, Otto: Bedeutungswandel der ministeriellen Gegenzeichnung, Diss. Heidelberg 1938

v. Mangoldt, Hermann: Das Verhältnis von Staatschef und Regierung, in: Beiträge zum öffentlichen Recht, herausgegeben von Ernst Wolff, Sonderveröffentlichung der Zeitschrift für Ausländisches und Internationales Privatrecht, Berlin und Tübingen 1950, S. 62 ff.

— Das Bonner Grundgesetz, Berlin und Frankfurt 1953

v. Mangoldt, Hermann und Friedrich *Klein:* Das Bonner Grundgesetz, 2. Aufl., Bd. II, Berlin und Frankfurt 1964, Bd. III, 1. Lieferung, Berlin und Frankfurt 1969

Marschall v. Bieberstein, Fritz Frhr.: Verantwortlichkeit und Gegenzeichnung bei Anordnungen des Obersten Kriegsherrn, Berlin 1911

— Die Verantwortlichkeit der Reichsminister, in: Handbuch des Deutschen Staatsrechts, herausgegeben von Gerhard Anschütz und Richard Thoma, 1. Bd., Tübingen 1930, S. 520 ff.

Maste, Ernst: Das Amt des Bundespräsidenten, in: Das Parlament Nr. 27 v. 1. Juli 1959, S. 5

Matthies, Immanuel: Die rechtliche Natur der ministeriellen Gegenzeichnung (nach dem Staatsrechte Preußens und des Deutschen Reiches), Diss. Jena 1911

Maunz, Theodor: Bundespräsident und Bundeskanzler, in: Bayerische Verwaltungsblätter 1959, S. 187 ff.

— Deutsches Staatsrecht, 16. Aufl., München 1968

Maunz, Theodor und Günter *Dürig:* Grundgesetz, Kommentar, München und Berlin 1958 ff.

Maurer, Ernst: Die Ministerverantwortlichkeit in konstitutionellen Monarchien, Diss. Erlangen 1898

Maurer, Hartmut: Hat der Bundespräsident ein politisches Mitspracherecht?, in: DÖV 1966, S. 665 ff.

Mayer-Tasch, Peter Cornelius (Hrsg.): Die Verfassungen Europas, Stuttgart 1966

Menzel, Eberhard: Ermessensfreiheit des Bundespräsidenten bei der Ernennung der Bundesminister?, in: DÖV 1965, S. 581 ff.

Merk, Wilhelm: Diskussionsbeitrag, in: VVDStRL 8, S. 58 ff.

v. Merkatz, Hans-Joachim: Politische Entwicklung und rechtliche Gestaltung der Ministerverantwortlichkeit, Diss. Jena 1934/35

Merkl, Adolf: Die monarchistische Befangenheit der deutschen Staatsrechtlehre, in: Schweizerische Juristenzeitung, 16. Jahrg. (1919/20), S. 378 ff.

Meyer, Georg: Lehrbuch des deutschen Staatsrechtes, 4. Aufl., Leipzig 1895

Michel, Alfred: Der Umfang des Erfordernisses ministerieller Gegenzeichnung nach bayerischem Recht, Diss. München 1896

Mohl, Robert: Die Verantwortlichkeit der Minister in Einherrschaften mit Volksvertretung, Tübingen 1837

Mond, Richard-August: Gegenzeichnung und Verantwortung in der Entwickelung der Staatsformen unter besonderer Berücksichtigung der Weimarer Reichsverfassung, Diss. Hamburg 1923

Montesquieu (Charles-Louis de Secondat Baron de la Brède et de Montesquieu): De l'Esprit des Lois. Précédé de l'analyse de cet ouvrage par d'Alembert, Bd. I, Paris 1834

Morgenstern, Heinrich: Die Ministeranklage nach Reichs- und Landesrecht, Diss. Frankfurt 1933

v. Moser, Friderich Carl: Abhandlungen von der Contra-Signatur, nach dem neuern Gebrauch der Höfe und Canzleyen, in: Kleine Schriften, Zur Erläuterung des Staats- und Völcker-Rechts wie auch des Hof- und Canzley-Ceremoniels, Fünfter Band, Frankfurt am Main 1755, S. 1 ff.

Mosler, Hermann: Die auswärtige Gewalt im Verfassungssystem der Bundesrepublik Deutschland, in: Festschrift für Bilfinger, Köln und Berlin 1954, S. 243 ff.

Mrose, Johannes: Wirkung und Bedeutung der Gegenzeichnung in Vergangenheit und Gegenwart des Staatsrechts des Deutschen Reiches und des Königreichs Sachsen, Diss. Leipzig 1912

Müller, Hermann: Die Gegenzeichnung, Diss. Würzburg 1930

Münch, Fritz: Die Bundesregierung, Frankfurt 1954

— Diskussionsbeitrag, in: VVDStRL 16, S. 133 ff.

v. Münch, Ingo: Übungsfälle zum Staatsrecht, Verwaltungsrecht, Völkerrecht, Bad Homburg v. d. H., Berlin, Zürich 1967

Nawiasky, Hans: Geschäftsregierungen in den Ländern und Reichsverfassung, in: DJZ 1932, Sp. 518 ff.

— Der Einfluß des Bundespräsidenten auf Bildung und Bestand der Bundesregierung, in: DÖV 1950, S. 161 ff.

— Die Grundgedanken des Grundgesetzes für die Bundesrepublik Deutschland, Stuttgart und Köln 1950

Neumann, Walter: Die Gegenzeichnung. Ihre rechtliche Bedeutung für Monarch und Minister, Diss. Straßburg 1916

Nising, Theo: Das Recht der Gegenzeichnung bei der Reichstagsauflösung, Diss. Erlangen 1931

Nöll v. d. Nahmer: Reichspräsident, Reichskanzler und Reichsminister in ihrem gegenseitigen verfassungsrechtlichen Verhältnis zueinander, in: Preußisches Verwaltungs-Blatt, 48. Jahrg., Berlin 1927, S. 170 ff.

Ossig, Hans: Die Stellung und die Organisation der Regierungen im Zentralstaat und in den Gliedstaaten des Kaiserreiches, der Weimarer Republik und der Bundesrepublik Deutschland, Diss. München 1952

Passow, Richard: Das Wesen der Ministerverantwortlichkeit in Deutschland, Tübingen 1904

Paterok, Norbert: Die Wahrnehmung der Befugnisse des Bundespräsidenten durch den Präsidenten des Bundesrates, Artikel 57 GG, Diss. München 1966

Pernthaler, Peter: Das Staatsoberhaupt in der parlamentarischen Demokratie, in: VVDStRL 25, S. 95 ff.

Peters, Hans: Entwicklungstendenzen der Demokratie in Deutschland seit 1949, in: Festschrift für Giacometti, Zürich 1953, S. 229 ff.

Phillips, O. Hood: Constitutional and Administrative Law, 3. Aufl., London 1962

Pistorius, Theodor: Die Staatsgerichtshöfe und die Ministerverantwortlichkeit nach heutigem deutschen Staatsrecht, Tübingen 1891

Pöttgen, Heribert: Die Gegenzeichnung der Amtshandlungen des Bundespräsidenten nach Artikel 58 des Grundgesetzes, Diss. Köln 1958

Poetzsch-Heffter, Fritz: Vom Staatsleben unter der Weimarer Verfassung, in: JÖR 13, 17, 21, jeweils S. 1 ff.

— Handkommentar der Reichsverfassung vom 11. August 1919, 3. Aufl., Berlin 1928

— Organisation und Geschäftsformen der Reichsregierung, in: Handbuch des Deutschen Staatsrechts, herausgegeben von Gerhard Anschütz und Richard Thoma, 1. Band, Tübingen 1930, S. 511 ff.

Pohl, Heinrich: Die Zuständigkeiten des Reichspräsidenten, in: Handbuch des Deutschen Staatsrechts, herausgegeben von Gerhard Anschütz und Richard Thoma, 1. Bd., Tübingen 1930, S. 482 ff.

Posener, Paul (Hrsg.): Die Staatsverfassungen des Erdballs, Charlottenburg 1909

Preuss, Hugo: Die organische Bedeutung der Art. 15 und 17 der Reichsverfassung, in: Zeitschift für die gesamte Staatswissenschaft, 45. Bd., Tübingen 1889, S. 420 ff.

Puhl, Friedrich Karl: Die staatsrechtlichen Voraussetzungen der Ratifikationserklärung des Bundespräsidenten, Diss. Köln 1953

Redslob, Robert: Die parlamentarische Regierung in ihrer wahren und in ihrer unechten Form, Tübingen 1918

Rehm, Hermann: Oberbefehl und Staatsrecht, Straßburg 1913

Reichard, Hugo: Die Gegenzeichnung und die Verantwortlichkeit des Reichs-

Reichel, Gerhard Hans: Die auswärtige Gewalt nach dem Grundgesetz für
kanzlers auf rechtsvergleichender Grundlage, Diss. Marburg 1907
die Bundesrepublik Deutschland vom 23. Mai 1949, Berlin 1967

Rein, Hans: Die verfssungsrechtlichen Kompetenzen des Bundespräsidenten bei der Bildung der Bundesregierung, in: JZ 1969, S. 573—578

Rheinischer Merkur Nr. 7 v. 17. Februar 1967, S. 2

Richter, E.: Zur Frage nach der Notwendigkeit ministerieller Gegenzeichnung, in: AÖR 5 (1890), S. 562 ff.

Roberts, Clayton: The Growth of Responsible Government in Stuart England, London (Cambridge University Press) 1966

Rode, Karlheinz: Die Ausfertigung der Bundesgesetze, Berlin 1968

v. Rosen-v. Hoewel, H.: Das Grundgesetz für die Bundesrepublik Deutschland, Stuttgart 1965

Rosenthal, Eduard: Die Reichsregierung, in: Festgabe für August Thon, Jena 1911, S. 333 ff.

Roß, Fritz: Die staatsrechtliche Stellung des Staatsoberhauptes nach der Weimarer Verfassung vom 11. August 1919 und dem Grundgesetz für die Bundesrepublik Deutschland vom 23. Mai 1949, Diss. Würzburg 1962

Rossner, Hermann: Die rechtliche Stellung des Bundespräsidenten nach dem Bonner Grundgesetz, Diss. Erlangen 1950

v. Rotteck, Heinz: Ministerverantwortlichkeit und ministerielle Gegenzeichnung, Diss. Heidelberg 1929

Sahlmüller, Fred: Ausfertigung und Verkündung von Gesetzen in Bund und Ländern, Diss. Würzburg 1966

Samm, Carl-Theodor: Die Stellung der Deutschen Bundesbank im Verfassungsgefüge, Berlin 1967

Samuely, Adolf: Das Princip der Ministerverantwortlichkeit in der constitutionellen Monarchie, Berlin 1869

Sattler, Andreas: Die V. Republik und der Parlamentarismus, in: AÖR 87, S. 335 ff.

Schack, Friedrich: Die Prüfungszuständigkeit des Bundespräsidenten bei der Ausfertigung der Gesetze, in: AÖR 89, S. 88 ff.

Schäfer, Hans: Das materielle Prüfungsrecht bei der Ausfertigung von Gesetzen, in: DVBl. 1951, S. 434 ff.

Schauss, Günter: Wandlungen des freien Ermessens des Staatsoberhaupts unter den deutschen Staatsverfassungen des 19. und 20. Jahrhunderts, Diss. Frankfurt 1949

Schenck zu Schweinsberg, Krafft Frhr.: Die ministerielle Gegenzeichnung, Diss. Bonn 1961

Schendel, Joachim: Das Institut der Ministerverantwortlichkeit nach geltendem Reichsrecht, Diss. Leipzig 1929

Scheuner, Ulrich: Das parlamentarische Regierungssystem in der Bundesrepublik, in: DÖV 1957, S. 633 ff.

— Das Amt des Bundespräsidenten als Aufgabe verfassungsrechtlicher Gestaltung, Tübingen 1966

Schlochauer, Hans-Jürgen: Öffentliches Recht, Karlsruhe 1957

Schmidt-Bleibtreu, Bruno und Franz *Klein:* Kommentar zum Grundgesetz für die Bundesrepublik Deutschland, Neuwied und Berlin 1967

Schmitt, Carl: Der Hüter der Verfassung, Tübingen 1931

— Der Begriff des Politischen, Berlin 1963

— Verfassungslehre, 4., unveränderte Aufl., Berlin 1965

Schneider, Hans: Die Gesetzgebung des Bundes, in: Deutsche Verwaltung, 2. Jahrg. (1949), Nr. 12, S. 324 ff.

— Kabinettsfrage und Gesetzgebungsnotstand nach dem Bonner Grundgesetz, in: VVDStRL 8, S. 21 ff.

— Die Regierungsbildung nach dem Bonner Grundgesetz, in: NJW 1953, S. 1330 ff.

— Die Mitwirkung des Bundespräsidenten bei der Regierungsbildung nach dem Grundgesetz, in: Festgabe für Kraft, München 1955, S. 129 ff.

— Diskussionsbeitrag, in: VVDStRL 16, S. 139 f.

Schneider, Oskar: Die Ministerverantwortlichkeit in der Bundesrepublik Deutschland, Diss. Würzburg 1959

Schüle, Adolf: Oberbefehl, Personalausschuß, Staatsnotstand, in: JZ 1955, S. 465 ff.

Schunck, Egon: Der Bundespräsident, in: Staats- und Kommunalverwaltung, Stuttgart und Köln 1968. S. 85 ff.

Seidl-Hohenveldern, Ignaz: Diskussionsbeitrag, in: VVDStRL 25, S. 212 f.

Sellmann, Klaus-Albrecht: Der schlichte Parlamentsbeschluß, Berlin 1966

Servatius, Kurt: Die Gegenzeichnung von Handlungen des Bundespräsidenten, Diss. Köln 1960

Shaw, Bernard: The Apple Cart. A political Extravaganza, Harmondsworth, Middlesex, England (Penguin Books) 1964 (zuerst erschienen 1930)

Simon, Rolf: Gesetzgebungsnotstand und Notstandsgesetze, Diss. Münster 1963

Simons, W.: Die Stellung des Reichspräsidenten, in: DJZ, 38. Jahrg. (1933), Sp. 22 ff.

Skutsch: Die Gegenzeichnung beim Kanzlerwechsel, in: DJZ, 33. Jahrg. (1928), Sp. 1535 f.

Smend, Rudolf: Verfassung und Verfassungsrecht, in: ders.: Staatsrechtliche Abhandlungen, Berlin 1955, S. 119 ff.

Sohm, Rudolf: Zur Trauungsfrage (Zeitfragen des christlichen Volkslebens, Bd. IV, Heft 1), Heilbronn 1879

Souheur, Adalbert: Die Bestimmung der Richtlinien der Politik nach Artikel 56 der Reichsverfassung vom 11. 8. 1919, Diss. Breslau o. J. (1928)

Spanner, Hans: Zur Stellung des Staatsoberhauptes in Deutschland und Österreich seit 1918, in: DÖV 1966, S. 619 ff.

Der Spiegel: Nr. 3 v. 15. Januar 1964, S. 18 ff.; Nr. 8 v. 19. Februar 1964, S. 98; Nr. 10 v. 4. März 1964, S. 19 f.; Nr. 21 v. 20. Mai 1964, S. 26 ff.; Nr. 48 v. 25. November 1964, S. 26; Nr. 50 v. 9. Dezember 1964, S. 30 f.; Nr. 3 v. 13. Januar 1965, S. 78; Nr. 5 v. 27. Januar 1965, S. 21; Nr. 40 v. 29. September 1965, S. 25 f.; Nr. 41 v. 6. Oktober 1965, S. 34 ff.; Nr. 42 v. 13. Oktober 1965, S. 29 ff.; Nr. 12 v. 14. März 1966, S. 33 f.; Nr. 27 v. 27. Juni 1966, S. 16; Nr. 5 v. 23. Januar 1967, S. 16; Nr. 27 v. 29. Juni 1970, S. 32 ff.

Springer, Stefan: Die verfassungsmäßige Entwicklung der deutschen Gliedstaaten im 19. Jahrhundert, Diss. Würzburg 1922

Stammen, Theo: Regierungssysteme der Gegenwart, Stuttgart, Köln, Berlin, Mainz 1967

Stein, Ekkehart: Lehrbuch des Staatsrechts, Tübingen 1968

Stein, Lorenz: Die Verwaltungslehre. Erster Theil. Die vollziehende Gewalt, 2. Aufl., Stuttgart 1869

Strauß, Walter: Der Bundespräsident und die Bundesregierung, in: DÖV 1949, S. 272 ff.

Süddeutsche Zeitung: v. 26. Januar 1966, S. 4; v. 3. Februar 1966, S. 2; v. 4. Februar 1966, S. 4

Teutsch, Arthur: Die Ministerverantwortlichkeit in Bayern, Diss. Erlangen 1903

Thoma, Ludwig: Jozef Filsers Briefwexel, München 1961

Thoma, Richard: Die rechtliche Ordnung des parlamentarischen Regierungs-systems, in: Handbuch des Deutschen Staatsrechts, herausgegeben von Gerhard Anschütz und Richard Thoma, 1. Bd., Tübingen 1930, S. 503 ff.

Tischner, Carl-Gottfried: Verantwortlichkeit und Gegenzeichnung bei Ho-heitsakten des Staatsoberhaupts, Diss. Marburg 1938

Tornow, Walter: Reichstagsauflösung nach einem Mißtrauensvotum, in: Fischers Zeitschrift für Verwaltungsrecht, herausgegeben von Walter Schelcher, 66. Bd., Leipzig 1931, S. 40 ff.

Triepel, Heinrich: Delegation und Mandat im öffentlichen Recht, Stuttgart und Berlin 1942

Tsatsos, Dimitris: Inkompatibilität zwischen dem Bundespräsidentenamt und dem parlamentarischen Mandat, in: DÖV 1965, S. 597 ff.

Uhlenbruck, Dirk: Die verfassungsmäßige Unabhängigkeit der Deutschen Bundesbank und ihre Grenzen, München 1968

U. M.: Mißbilligungsvoten gegen Bundesminister, in: AÖR 76, S. 338 ff.

— Südweststaat-Frage und „Blitzgesetz", in: AÖR 77, S. 96 ff.

Vallentin, Rudolf: Die Gegenzeichnung beim Kabinettswechsel, Diss. Stettin 1930

Walther, Carl: Das Staatshaupt in den Republiken (Abhandlungen aus dem Staats- und Verwaltungsrecht, herausgegeben von Siegfried Brie und Max Fleischmann, Heft 14), Breslau 1907

Wasser, Karl-Heinz: Die Stellung des Bundespräsidenten nach dem Grund-gesetz für die Bundesrepublik Deutschland, Diss. Köln 1951

Weber, Werner: Kontrasignatur und Mitzeichnung bei Akten des Staats-oberhaupts, in: Jahrbuch der Akademie für Deutsches Recht, 4. Jahrg., herausgegeben von Hans Frank, München, Berlin, Leipzig 1937, S. 184 ff.

— Die Verfassung der Bundesrepublik in der Bewährung, Göttingen 1957

— Spannungen und Kräfte im westddeutschen Verfassungssystem, 2. Aufl., Stuttgart 1958

v. Wedel, Wedego: Rechte und Pflichten des Bundespräsidenten nach dem Bonner Grundgesetz vom 23. Mai 1949, Diss. Innsbruck 1965

Weigt, Heinz Herbert: Das Recht des Reichspräsidenten zur Prüfung der Gesetze, Diss. Göttingen 1933

Welcker, Karl: Artikel „Contrasignatur" in: Das Staatslexikon, herausgegeben von Karl von Rotteck und Karl Welcker, 3. Aufl., 4. Bd., Leipzig 1860, S. 141 f.

Wertenbruch, Wilhelm: Für und wider das materielle Prüfungsrecht des Bundespräsidenten, in: DÖV 1952, S. 201 f.

Wild, Gisela: Die Ausfertigung von Gesetzen und Rechtsverordnungen und die Anordnung zu ihrer Verkündung, Heidelberg 1969

Wildenmann, Rudolf: Macht und Konsens als Problem der Innen- und Außenpolitik, 2. Aufl., Köln und Opladen 1967

Winkler, Hans-Joachim: Der Bundespräsident — Repräsentant oder Politiker?, Opladen 1967

Wittmayer, Leo: Herrschaftliche und genossenschaftliche Elemente im deutschen und österreichischen Ministerialsystem, in: Schmollers Jahrbuch für Gesetzgebung, Verwaltung und Volkswirtschaft im Deutschen Reiche, 42. Jahrg., München und Leipzig 1918, S. 831 ff.

— Die Weimarer Reichsverfassung, Tübingen 1922

Wolfram, Otto: Die Ministeranklage nach dem Verfassungsrecht des Reiches und der Länder, Diss. Jena 1930

Wuermeling, Franz Josef: Die rechtlichen Beziehungen zwischen dem Reichspräsidenten und der Reichsregierung, in: AÖR 50, S. 341 ff.

Zachariä, Karl Salomo: Vierzig Bücher vom Staate, Zweyter Band, Stuttgart und Tübingen 1820

Zoepfl, Heinrich: Grundsätze des allgemeinen und Deutschen Staatsrechts, Zweiter Theil, 4. Aufl., Leipzig und Heidelberg 1856

— Besprechung von: Bischof: Ministerverantwortlichkeit und Staatsgerichtshof in Deutschland, in: Heidelberger Jahrbücher der Literatur 1859, S. 641 ff.

Zoller, Werner: Die staatsrechtliche Stellung des Präsidenten der Bundesrepublik Deutschland, Diss. München 1951

Zürn, Peter: Die republikanische Monarchie, München 1965

o. Verf.: Die Konstituierung der westdeutschen Bundesorgane, in: AÖR 75, S. 332 ff.